Wuppertaler Studienbibel

Wuppertaler Studienbibel

Begründet von

Fritz Rienecker

und

Werner de Boor

Reihe: Altes Testament

Herausgegeben von

Gerhard Maier

und

Adolf Pohl

R. Brockhaus Verlag Wuppertal

Der Prophet Jona

erklärt von

Gerhard Maier

R. Brockhaus Verlag Wuppertal

6. Auflage 1997

Gesamtherstellung: Breklumer Druckerei Manfred Siegel KG

ISBN 3-417-25201-6 Paperback
ISBN 3-417-25301-2 Leinen

INHALTSVERZEICHNIS

RICHTLINIEN FÜR DIE BENUTZER DER WUPPERTALER STUDIENBIBEL

In bezug auf den Bibeltext:
Der Bibeltext ist fett gedruckt. Wiederholungen aus dem behandelten Bibeltext sind fett gedruckt.
Kursiv nur im Sinne der Verdeutlichung bei Betonung.

In bezug auf die Parallelstellen:
Mit Absicht sind eine große Fülle von Bibelstellen als Parallelstellen gebracht. Für diese Parallelstellen ist am Rand eine Spalte freigelassen.

In bezug auf die Handschriften:
Zu den wichtigsten vom Text abweichenden Lesarten, die sich im allgemeinen in den Fußnoten finden, sind folgende Zeichen gesetzt, die der Erklärung bedürfen:

Der hebr Text des Alten Testaments (der sogenannte »Masoretische Text«). MasT
Die genaue Überlieferung des alttestamentlichen Textes lag den jüdischen Schriftgelehrten sehr am Herzen und wurde seit dem 2. Jahrhundert n.Chr. von den sogenannten Masoretenschulen (Masora = »Überlieferung«) zu einer besonderen Wissenschaft entwickelt. Ursprünglich bestand der hebr Text nur aus Konsonanten; die Masoreten setzten seit dem 6. Jahrhundert n.Chr. Vokalzeichen in Form von Punkten und Strichen unter dem Wort hinzu.

Wichtige Handschriften des masoretischen Textes:

Handschrift:	*geschrieben:*	*aus der Schule des:*
Codex Cairensis	895 n.Chr.	Mosche ben Ascher
Kodex der Synagoge von Aleppo (jetzt wahrscheinlich verbrannt)	nach 900 n.Chr.	Mosche ben Ascher
Codex Leningradensis	1008 n.Chr.	Mosche ben Ascher
Erfurter Kodex Nr. 3	11. Jh. n.Chr.	Ben Naphthali
Codex Reuchlianus	1105 n.Chr.	Ben Naphthali

Die Texte aus Qumran. Die in Qumran gefundenen Handschriften stammen aus vorchristlicher Zeit, sind also rund 1000 Jahre älter als die soeben genannten Texte. Allerdings gibt es unter ihnen keine vollständige Handschrift des ganzen AT. Wichtige Handschriften sind: Qumran
Die Jesaja-Handschrift
der Habakuk-Kommentar

Der samaritanische Pentateuch. Die Samaritaner haben die fünf Bücher des Gesetzes in althebräischer Schrift überliefert. Ihre Handschriften gehen auf eine alte Textform zurück. Sam

Die mündliche Übersetzung des hebräischen Bibeltextes im Synagogengottesdienst (da viele Juden kein Hebräisch mehr verstanden) führte seit dem 3. Jahrhundert zur schriftlichen Festlegung im sogenannten Targum (= »Übersetzung«). Diese armäischen Übersetzungen sind allerdings oft recht frei und müssen mit Vorsicht benutzt werden. Targum

LXX

Die älteste griechische Übersetzung des AT wird »Septuaginta« (LXX = »Siebzig«) genannt nach ihrer traditionellen Entstehungsgeschichte. Sie soll nämlich von 72 jüdischen Schriftgelehrten übersetzt worden sein. Die Septuaginta ist eine Übersetzungssammlung; die ältesten Teile, darunter der Pentateuch, entstanden im 3. Jahrhundert, wahrscheinlich in Ägypten. Da diese Übersetzung auf eine vormasoretische hebräische Textform zurückgeht, ist sie eine wichtige Ergänzung für alle Arbeiten am Text des AT.

Andere

Gelegentlich werden noch andere alte Übersetzungen des AT herangezogen, die aber von geringerem Wert für die Textforschung sind, da sie entweder Tochterübersetzungen aus dem Griechischen (wahrscheinlich der Septuaginta) sind oder (so die Vulgata) zumindest stark von daher beeinflußt wurden:

die altlateinische Übersetzung	um 150 n.Chr.
die Vulgata (die lateinische Übersetzung des Hieronymus)	seit 390 n.Chr.
die koptische Übersetzung	3.–4. Jahrhundert n.Chr.
die äthiopische Übersetzung	4. Jahrhundert n.Chr.

Abkürzungs-Verzeichnis

I. Allgemeine Abkürzungen:

AT = Altes Testament
NT = Neues Testament
atst = alttestamentlich
ntst = neutestamentlich
grie = griechisch
hebr = hebräisch
lat = lateinisch
LXX = Septuaginta. Das ist die griechische Übersetzung des AT, angeblich von 70 gelehrten Juden auf Befehl des Königs Ptolemäus Philadelphus 200 v. Chr. in Alexandrien angefertigt.

II. Literatur-Abkürzungen:

W—B = Walter Bauer: Griechisch-Deutsches Wörterbuch. 4. Aufl. 1952
Bl—De = Blaß—Debrunner: Grammatik des ntst Griechisch 9. Auflage 1954 zitiert n. §§.
Radm = Rademacher: Neutestl. Grammatik 1925. 2. Aufl.
Ki—Th W = Kittel: Theolog. Wörterbuch
NTD = Neues Testament Deutsch Göttingen 1932 ff.
St—B = Strack—Billerbeck: Kommentar zum NT aus Talmud usw. Bd I—IV. München 1922 ff.

III. Abkürzungen der biblischen Bücher:

a) Altes Testament

1 Mo = 1. Mose
2 Mo = 2. Mose
usw. usw.
Jos = Josua
Ri = Richter
Rth = Ruth
1 Sam = 1. Buch Samuelis
2 Sam = 2. Buch Samuelis
1 Kö = 1. Buch der Könige
2 Kö = 2. Buch der Könige
1 Chro = 1. Buch der Chronika
2 Chro = 2. Buch der Chronika
Esr = Esra
Neh = Nehemia
Esth = Esther
Hio = Hiob
Ps = Psalter
Spr = Sprüche
Pred = Prediger
Holi = Hohelied
Jes = Jesaja
Jer = Jeremia
Kla = Klagelieder
Hes = Hesekiel
Da = Daniel
Hos = Hosea
Joe = Joel
Am = Amos
Ob = Obadja
Jon = Jona
Mi = Micha
Nah = Nahum
Hab = Habakuk
Ze = Zephanja
Hag = Haggai
Sach = Sacharja
Mal = Maleachi

b) Apokryphen

Tob = Tobias
1 Makk = 1. Makkabäer
2 Makk = 2. Makkabäer
Sir = Sirach

c) Neues Testament

Mt = Matthäus
Mk = Markus
Lk = Lukas
Jo = Johannes
Apg = Apostelgeschichte
Rö = Römer
1 Ko = 1. Korinther
2 Ko = 2. Korinther
Gal = Galater
Eph = Epheser
Phil = Philipper
Kol = Kolosser
1 Th = 1. Thessalonicher
2 Th = 2. Thessalonicher
1 Tim = 1. Timotheus
2 Tim = 2. Timotheus
Tit = Titus
Phlm = Philemon
1 Pt = 1. Petrus
2 Pt = 2. Petrus
1 Jo = 1. Johannes
2 Jo = 2. Johannes
3 Jo = 3. Johannes
Hbr = Hebräer
Jak = Jakobus
Jud = Judas
Offb = Offenbarung des Johannes

Vgl. W. Stb. Matth. S ... = Vergleiche Wuppertaler Studienbibel Matthäus-Band Seite ...
Vgl. W. Stb. Mark. S ... = Vergleiche Wuppertaler Studienbibel Markus-Band Seite ... usw.

VORWORT

Nachdem die neutestamentliche Reihe der »Wuppertaler Studienbibel« eine so erfreulich weite Verbreitung gefunden und sich im Urteil ihrer Benutzer bewährt hat, erschien es seit längerem geboten, ihr eine Auslegung des Alten Testamentes an die Seite zu stellen. Denn – wie die Erfahrung zeigt – bereitet ja gerade das Verstehen der alttestamentlichen Bücher, sieht man einmal von einigen geläufigen Texten aus der Prophetie und dem Psalter ab, vielen nicht geringe Schwierigkeiten. Das hat zur Folge, daß das Alte Testament der christlichen Gemeinde unserer Tage viel zu wenig erschlossen wird und seine Schätze weithin ungehoben bleiben.

Darum freuen wir uns, daß nun mehrere Bände der »Wuppertaler Studienbibel - Altes Testament« vorliegen. Sie wollen, ebenso wie die bisher erschienenen Bände zum Neuen Testament, der persönlichen Schriftforschung des Bibellesers dienen wie auch für die Vorbereitung von Predigt, Bibelstunden und biblischer Unterweisung Verstehenshilfen anbieten.

Die »Wuppertaler Studienbibel« – im Alten wie im Neuen Testament – geht im Unterschied zu manchen anderen heute vertretenen Auffassungen von der Voraussetzung aus, daß die Bibel Gottes Wort ist, das von Menschen niedergeschrieben und überliefert worden ist. Das heißt: Die Auslegung muß dem Doppelcharakter der Heiligen Schrift gerecht werden. Sie geht also davon aus, daß sie es in der Bibel mit der von Gottes Geist gewirkten und seit ihrer Entstehung von ihm begleiteten und bewahrten Urkunde des göttlichen Redens und Handelns in Schöpfung und Geschichte zu tun hat. Sie behält dabei zugleich im Auge, daß die so verstandene Bibel von Menschen an konkretem geschichtlichen Ort verfaßte Schrift ist, die selbst wieder ihre Geschichte hat (Geschichte der Überlieferung, des Kanons, der Wirkungen, des Zeugnisses).

Darum fragt die sachgemäße Auslegung zurück in die Geschichte. Denn der Glaube fußt ja auf der Tatsächlichkeit des Redens und Handelns Gottes in der Welt. Er kann und will auf die genaue Klärung des Geschehenseins der göttlichen Offenbarung nicht verzichten. Darüber hinaus muß die Auslegung dafür offenbleiben, daß Gott im Wort und durch das Wort am Leser und Hörer handelt. Sie geschieht also in der Erwartung neuen göttlichen Redens und Handelns, das dem im Text berichteten entspricht.

Das bedeutet für die Auslegung des Alten Testamentes zunächst, daß der Hinweischarakter des alttestamentlichen Textes auf Jesus Christus und auf das Neue Testament gewahrt werden muß: die alttestamentliche Geschichte wird als Heilsgeschichte im Lichte des Neuen Testamentes gesehen. Das bedeutet darüber hinaus, daß das Prophetische eines Textes, also das, was über die Zeit und den Ort seines ursprünglichen Ergehens oder Geschehens hinausgeht und noch auf Erfüllung wartet, laut werden soll.

Letztlich bleibt alle historische und theologische Arbeit am Text eine Art »Vor«-Arbeit. Die eigentliche Arbeit muß Gott selbst tun, dadurch, daß er uns den Text als sein eigenes Wort an uns und für uns – und an und für andere – hören und verstehen läßt.

Die Auslegung der Heiligen Schrift stellt sich daher unter, nicht über ihren Auslegungsgegenstand. Denn sie hat es nie in der Hand, ob sie ihr Ziel, Gottes Wort hörbar zu machen, wirklich erreicht; sie kann ihm nur dienen und Hilfsmittel dafür bereitstellen.
Darum darf eins bei aller Auslegungsarbeit nicht fehlen: das Gebet. Das Gebet beim Lesen, beim Auslegen und beim Prüfen der Auslegung an der Schrift selbst. Wo dies geschieht, wird die Tür zu neuen Einsichten und Erkenntnissen der göttlichen Offenbarung und des göttlichen Willens weit aufgestoßen werden.

Die Herausgeber | Der Verlag

I. Einleitung

A. Zur Geschichte der Auslegung des Jonabuches

Kein Buch des Alten Testaments, abgesehen von den Psalmen, ist so oft erklärt worden wie das kleine Buch Jona[1]. Seine ungewöhnliche Bekanntheit und Beliebtheit geht u. a. daraus hervor, daß die Szenen aus dem Leben des Jona unter den altchristlichen Darstellungen »den ersten Platz« einnehmen, »den ihnen nicht einmal die Szenen aus dem Leben des Herrn streitig machen«[2]. Die älteste dieser Darstellungen stammt aus dem Ende des 1. Jhds. n.Chr. (Rom, Lucina-Krypta); sie finden sich auffallend häufig in den Katakomben, den Begräbnis- und Versammlungsstätten der frühen Gemeinde Roms. Die jüdische Gemeinde liest bis in die Gegenwart am Jom Kippur, dem großen Versöhnungstag, aus dem Jonabuch vor. Interessant ist, daß auch der Islam Jona eine hervorragende Stellung einräumt[3].

Kein Buch der Bibel hat aber auch eine solche Fülle verschiedener, teilweise gegensätzlicher Auslegungen erlebt. Um 400 n.Chr. schrieb der berühmte Kirchenlehrer Hieronymus im Vorwort seiner Jona-Erklärung: »Ich weiß, daß alte Kirchenmänner, griechische wie lateinische, über dieses Buch viel gesagt haben, und daß die Aussagen durch die vielen Erörterungen weniger erhellt als vielmehr verdunkelt worden sind, so daß ihr Kommentar selbst wieder einen Kommentar nötig hat, und der Leser von ihnen viel unsicherer scheidet, als er war, bevor er darin las.« Moderne Zeiten haben diesen Tatbestand noch verschärft. Nach dem Marburger Alttestamentler Kaiser unterscheiden sich die jüngsten Erklärungen so weitgehend voneinander, »daß der Leser bei ihrer isolierten Betrachtung meinen könnte, hier würde über ganz verschiedene Werke geurteilt« (Ev. Theol. S. 91). Ein zeitgenössischer jüdischer Ausleger spricht davon, »daß außer in der Bestimmung des Textes und dessen einfacher Exegese (= Auslegung) keine Einigkeit unter den Bibelforschern besteht« (Cohn S. 3).

Wir sprachen schon von der Schätzung, die das Jonabuch seitens der Juden erfahren hat. Von der Rolle, die es im Leben Jesu spielt, wird weiter unten die Rede sein. Beide, Jesus und seine jüdischen Zeitgenossen, sahen im Jonabuch den Bericht über tatsächliche Vorgänge. Länger als ein Jahrtausend blieb das die allgemeine Anschauung unter Juden und Christen. Dagegen spotteten die Heiden über die Jonageschichte[4]. Im Mittelalter deuteten gebildete jüdische Ausleger die Wunder vorsichtig

[1] Döller S. 44.
[2] Mitius S. 9. Vgl. außer Mitius S. 14 ff noch Biser S. 19; Lawrence S. 289 ff; Lucchesi-Palli Sp. 115; Stommel S. 112 ff.
[3] Vgl. dazu Komlós S. 55 ff.
[4] Vgl. Friedrichsen S. 1; Hävernick S. 326 f; Pusey S. 259; Bickerman I S. 232 f.

um, z. B. David Kimchi (geb. 1190) oder Ibn Esra (geb. 1092), der den Seesturm und die Rettung durch den Fisch als Jonas Traum erklärte[5]. Währenddessen hielt Luther daran fest, daß sich das im Jonabuch Berichtete tatsächlich ereignet habe[6].

Die Aufklärung und das Aufkommen der historisch-kritischen Methode vor ca. 200 Jahren bedeutete dann einen tiefen Umbruch. Einerseits erbrachte die historische Erforschung der biblischen Bücher und der damaligen Zeitumstände einen reichen Gewinn für die Auslegung. Man lernte neu auf die geschichtliche Situation und den Zusammenhang achten, in die jedes biblische Buch hineingehört. Auf der anderen Seite wurde gerade die Auslegung des Jonabuches mit einer Fülle von Problemen belastet. Im Folgenden seien die wichtigsten Probleme kurz genannt.

Allein die Frage, in welcher Zeit das Buch entstanden sei, spaltete die Forschung vielfältig auf. So gab es Stimmen, die ein Datum im 9. Jhd. v.Chr. befürworteten. Das wäre also noch 100 Jahre vor dem in 2 Kö 14,25 bezeugten Auftreten Jonas unter König Jerobeam II. (788–748). Ein anderes Extrem bilden Stimmen, die bis ins 3. oder 2. Jhd. v.Chr. herabgehen. Vor allem neuere Kommentatoren wie Gunkel, Jepsen, Kaiser, Rudolph und H. W. Wolff bevorzugen eine spätere Datierung[7]. Wir werden im nächsten Abschnitt dazu Stellung nehmen (I B).

Mit der Aufklärung des 18. Jhds. begannen schwere Auseinandersetzungen über die Frage, ob das Jonabuch Geschichte oder Dichtung sei. Wegen der Wichtigkeit dieser Frage widmen wir ihr ebenfalls einen eigenen Abschnitt (I C). Nur so viel sei vorausgeschickt, daß sich, je mehr die historisch-kritische Methode die Auslegung bestimmte, desto mehr die Zahl derer verringerte, die das Jonabuch als geschichtlich betrachteten. Auf die Bitterkeit des Streites wirft ein Satz Franz Delitzschs aus dem Jahre 1840 Licht: »Das Fahrgeld des Propheten Jona ist die moderne Kritik, der Ballast des Schiffes ist die aufgeblasene Polyhistorie, und die Kajüte des Schiffes ist der rationalistische Unsinn, in dem man heutzutage schläft und schnarcht und träumt« (S. 125).

Für diejenigen, die das Buch als Lehrerzählung oder Dichtung auffassen, erhebt sich die Frage, welchen Überlieferungsstoff der Verfasser verarbeitete. Hier beschäftigte man sich vor allem mit dem Auftreten des Fisches. Schon 1813 behauptete Rosenmüller, Jona 2 entstamme dem griechischen Mythos von Herakles und Hesione, wonach der Held durch Tötung eines Seeungeheuers Hesione rettete. Im Jahr 1837 trug der Tübinger Professor Ferdinand Christian Baur die Ansicht vor, man müsse »zwei von einander ganz verschiedene orientalische Mythen« als die Quellen ansehen. Er meinte, hinter der Gestalt des Jona verberge sich der in Babylon predigende Fischmann Oannes. Noch mehr Anhänger fand eine dritte These, die Jona 2 von der griechischen Perseus-Andromeda-Sage ableiten will. Nach dieser griechischen Sage befreit Perseus die einem Seeungeheuer preisgegebene Andromeda, indem er das sie bedrohende Untier tötet. Wie antike Schriftsteller melden, zeigte man noch in römi-

[5] Später vertrat auch der Rabbi Isaak Abarbanel diese Meinung, vgl. Bickerman I S. 233, 7.
[6] Vgl. Biser S. 19 ff; Kleinert S. 20; 191 ff.
[7] Vgl. hier Friedrichsen S. 8, 2; Kautzsch Jona S. 50; Volck S. 40 sowie die Kommentare.

scher Zeit bei Japho bzw. Joppe den Felsen, an den Andromeda für das Ungeheuer angeschmiedet worden sein soll. Heute denkt man sich den Verlauf z. B. so: »Eine in der Stadt Jaffa (Japho, Joppe) oder deren Nähe beheimatete Sage, die zu den Verschlingungsmärchen gehört, ist von den Phönikern zu den Griechen und Juden gewandert. In Israel wird diese Geschichte mit dem Namen des in 2 Kö 14,25 genannten Propheten Jona und einem Bericht über die Reise dieses Mannes nach Ninive verbunden.«[8] Es versteht sich von selbst, daß solche oft sehr künstlich wirkende Ableitungen dort entfallen, wo man in Jona 2 mit tatsächlichen Erlebnissen des Propheten rechnet.

Auch über den Lehrzweck des Buches konnte man nicht zu einer Einigung kommen. Wenn Baudissin im Jahre 1901 das Urteil abgab: »Man hat vergeblich nach einer einheitlichen lehrhaften Tendenz des Buches gesucht« (S. 597), so gilt dieses Urteil im großen und ganzen auch für die Gegenwart. Der Leser vgl. hier den Abschnitt IC.

Dagegen trat die Einheitlichkeit des Jonabuches im Verlaufe der jüngeren Auslegungsgeschichte immer deutlicher hervor. Zwar hatte die sog. Literarkritik eine Zeitlang das Buch in viele Teile und Teilchen zergliedert und letztere auf verschiedene Erzähler zurückgeführt. Ein Artikel Böhmes (s. Literaturverzeichnis) bildete hier im Jahre 1887 den Höhepunkt, wobei nicht weniger als fünf ursprünglich selbständige Erzählstränge angenommen wurden, abgesehen von anderen Zusätzen. Heute aber ziehen die Forscher nur noch geringfügige spätere Einschübe in Betracht[9]. Eine gewisse Ausnahme macht der Psalm in 2, 3–10. Viele deutsche Ausleger halten ihn für nachträglich eingefügt (in anderen Ländern ist man hier weniger kritisch)[10]. In diesem Zusammenhang ist interessant, daß das Jonabuch niemals in einer anderen als der jetzigen Gestalt aufgefunden wurde. Die ältesten Stücke sind Teile der griechischen Übersetzung, die in der Nähe des Toten Meeres entdeckt wurden und vor die Zeit Jesu zurückreichen. Wir gehen bei unserer Erklärung von der Einheit des ganzen Buches aus.

Die Kirche hat sich in allen Jahrhunderten über Jona als einen Typus des auferstehenden Christus gefreut. Als die historisch-kritische Arbeit am Jonabuch einsetzte, trat auch an diesem Punkt eine Problematisierung ein. Man kann die Entwicklung an Jägers Aufsatz (s. Literaturverzeichnis) aus dem Jahre 1840 gut beobachten. Während die Verteidiger des geschichtlichen Charakters des Buches beispielsweise unterstrichen, Jesus messe der Jonageschichte prophetische Bedeutung für sein eigenes Geschick zu und bezeuge in seinen Worten Mt 12,39 ff; 16,4; Lk 11,29 ff eben den Ereignischarakter der Jonaerzählung, entgegneten Jäger und andere, diese Worte seien Jesus erst nachträglich und fälschlicherweise in den Mund gelegt worden. So erklärte

[8] So Loretz Gotteswort S. 18 f; ähnlich Gunkel Sp. 368 f; Kaiser Einl. S. 155; Wolff Studien S. 26; vgl. ferner Friedrichsen S. 129 ff; 246 ff.

[9] Z. B. in 1,8; 4,5; 4,6; 4,10 beim doppelten Gottesnamen. Vgl. Eissfeldt Einl. S. 548; Kaiser Einl. S. 155,2; Rudolph Festschrift S. 239; vgl. Wolff RGG Sp. 853 mit Wolff Studien S. 44 ff.

[10] Vgl. hierzu von den deutschen Gelehrten Eissfeldt Einl. S. 548; Jepsen S. 297; Kaiser Einl. S. 154; Kuhl S. 10; Rudolph Festschrift S. 236; Wolff RGG Sp. 845. Von ausländischen Forschern vgl. Cohn S. 93,1; Landes Kerygma S. 13 ff; Smith S. 498 ff.

eignischarakter der Jonaerzählung, entgegneten Jäger und andere, diese Worte seien Jesus erst nachträglich und fälschlicherweise in den Mund gelegt worden. So erklärte Rudolf Bultmann 1964: »Sicher aber erscheint mir, daß die Ausdeutung des Jona-Zeichens auf Jesu Tod und Auferstehung eine ganz sekundäre (= nachträgliche) Gemeindebildung ist« (S. 124)[11]. Inzwischen vollziehen namhafte Forscher eine vorsichtige Wendung zugunsten einer Anerkennung der Ursprünglichkeit der Worte Jesu. Ein Alttestamentler kann heute formulieren: »die Botschaft des Jonabuches will im Schatten des Kreuzes bedacht sein.«[12] Die wichtige Beziehung zwischen Jonabuch und Neuem Testament soll im Abschnitt I D besprochen werden.

Wohl das meistverhandelte Problem der Auslegungsgeschichte der letzten 200 Jahre war, soweit es Jona betrifft, das Problem der Wunder. Es wäre unrecht, zu sagen, daß jeder historisch-kritische Ausleger die Wunder schlechthin leugnen wollte. Anderseits muß man freilich feststellen, daß die historisch-kritische Arbeit auch die Wunder des Jonabuches unter stärkstes kritisches Feuer nahm. Nicht wenige Ausleger kehrten die Wunder sogar in der Weise gegen das Buch, daß sie die Wunder als Grund für eine spätere Datierung ins Feld führten[13]. Man muß nüchtern erkennen, daß mindestens im deutschen Sprachraum die Zahl derer, die etwa den Fisch und Jonas Aufenthalt in ihm als Tatsache betrachten, sehr klein geworden ist. Gelegentlich nennt man diese Anhänger des Wunders »innerlich unsichere fromme Geister«[14]. Im Jahr 1963 schreibt der katholische Gelehrte Loretz: »Wer allen Ernstes die Geschichtlichkeit des Abenteuers im Inneren des Seeungeheuers dartun will, könnte mit demselben Recht die Geschichtlichkeit ›Rotkäppchens‹ und von ›Der Wolf und die sieben Geißlein‹ verteidigen« (S. 17).

Das Gesamturteil über das Jonabuch schwankt. In der Mitte des 19. Jhds., im selben Jahr 1840, sprach der eine Forscher von der »eigentümlichen grotesken Phantasie des Verfassers« (Jäger S. 137), der andere von einem »unter tiefer Beschämung und göttlicher Selbstverleugnung auf Trieb des Heiligen Geistes niedergeschriebenen Sündenbekenntnis des zurechtgebrachten Propheten« (Delitzsch S. 122). Bis in die Gegenwart schildert man Jona als »lächerlich«, »starrsinnig« und »böse«[15]; ja fast als Saboteur göttlichen Willens: »Was er tut, grenzt an Sabotage« (Rudolph Festschrift S. 236). Während der eine Gelehrte im Jonabuch »wundervolle Hilfen gegen jede Form orthodoxer Verkrampfung« sieht (Wolff Studien S. 9), empfindet ein anderer »mirakelhafte (= wunderhafte) und komische Züge« als Belastung (Kaiser Einl. S. 155). Oft fordert man Humor für die Auslegung: »Das Jonabuch ist sicher nicht

[11] Ähnlich urteilte Bultmanns Lehrer Wrede im Blick auf alle Leidensweissagungen Jesu im Jahr 1901: » . . . daß Jesus insbesondere das absolute Wunder einer sofortigen Wiederkehr ins Leben nicht prophezeit haben kann, ist offenbar« (S. 87).

[12] Kaiser Ev. Theol. S. 102; vgl. weiter J. Jeremias S. 412 f; Rengstorf S. 232.

[13] Z. B. Baudissin S. 594; Bleek S. 402; Feuillet I S. 161; Friedrichsen S. 46 ff; Kuenen S. 417 ff; Marti S. 244; Pfeiffer S. 588; Rudolph KAT S. 324; Soggin S. 71.

[14] So Kaiser Ev. Theol. S. 95. Stählin S. 195 nennt sie »abwegig und töricht«, Sellin S. 242 sprach von »alberner Apologie« (Verteidigung).

[15] So v. Rad. II S. 301 f; Nöldeke S. 79. Einen ausgezeichneten Überblick gibt Keller ThZ S. 329.

[16] Wolff Studien S. 13,3; ähnlich Loretz Gotteswort S. 34; von Rad II S. 301; Smith S. 485.

ohne Schalk und Augenzwinkern geschrieben«.[16] Während gelegentlich von »dem schlichten, so treuherzig plaudernden Büchlein« die Rede ist (Stolberg S. 19), rechnen es andere »zu dem Tiefsten und Großartigsten, was jemals geschrieben worden ist« (Cornill S. 167), und »zum wertvollsten der Bibel«.[17]

Das vielfältige Bild, das uns die Auslegungsgeschichte vor Augen malt, zwingt uns zu besonders eingehendem Prüfen und Hören des biblischen Textes.

B. Die Zeit Jonas und die Zeit der Abfassung des Buches

a) Der Versuch, über Jonas Zeit einige Klarheit zu gewinnen, ist unumgängliche Voraussetzung für die Erklärung des Buches. Setzt man das Buch z. B. in die Zeit nach Alexander dem Großen oder überhaupt nach dem Exil, dann wird Jona vorwiegend zu einer Sagengestalt, die Erinnerung an ihn muß verblassen, die Figuren werden zu symbolischen Gestalten und das Ganze zu einer Lehrdichtung. Seit dem Ausgang des 18. Jhds. neigt die historisch-kritische Forschung zu einer späteren Datierung. Sie macht dafür eine stattliche Reihe von Gründen geltend, von denen wir hier die hauptsächlichsten zusammenstellen:

1. Man sagt, die Sprache weise spätere, ins Aramäische gehende Eigentümlichkeiten auf (sog. Aramaismen)[18].
2. Das Buch enthalte Anzeichen, daß die Erinnerung an Assyrien tatsächlich verblaßt sei, z. B. hieße es 3,3 Ninive »war«, oder der assyrische Herrscher trage einen falschen Titel (»König von Ninive« 3,6)[19].
3. Die Wunder deuteten auf eine späte Abfassung[20]
4. Die »Mythen« deuteten ebenfalls auf eine späte Entstehungszeit[21].
5. Für eine wirklich geschichtliche Erzählung vermisse man wichtige Angaben[22].
6. Im Dankpsalm 2, 3–10 erscheine eine ganze andere Situation, als man bei Jona im Fisch erwarten dürfe[23].

[17] So Loretz Gotteswort S. 32 f; vgl. hier Nöldeke S. 76; Hirsch S. 50; Junker S. 113.

[18] Bentzen S. 145; Bleek S. 406; Driver S. 322; Eissfeldt Einl. S. 547; Feuillet I S. 161; Goldman S. 49; Gunkel Sp. 369; Haller S. 6 f; Komlós S. 42; Kuenen S. 417 ff; Nöldeke S. 79; Nowack S. 182; Pfeiffer S. 589; Riessler S. 154; Rudolph KAT S. 329 f; Stählin S. 195; Stollberg S. 21; Weiser Einl. S. 203.

[19] Rudolph KAT S. 324; vgl. Bentzen S. 145; Bleek S. 406; Childs S. 53 f; Driver S. 322; Eissfeldt Einl. S. 547; Gunkel Sp. 369; Haller S. 9; Kautzsch Jona S. 52; König S. 748; Komlós S. 42; Kuenen S. 417 ff; Pfeiffer S. 588; Soggin S. 71; Weiser Einl. S. 203.

[20] Baudissin S. 594; Bleek S. 402; Feuillet I S. 161; Friedrichsen S. 46 ff; Kuenen S. 417 ff; Marti S. 244; Pfeiffer S. 588; Rudolph KAT S. 324; Soggin S. 71.

[21] Childs S. 53 f; Friedrichsen S. 58; Stollberg S. 21; vgl. auch v. Rad I S. 411; Riessler S. 159; Scott S. 16; Stählin S. 195; Steffen S. 30; 88 ff.

[22] Bleek S. 401; Friedrichsen S. 46 ff; Kuenen S. 417 ff; Marti S. 244; Rudolph KAT S. 324.

[23] Bleek S. 407; Driver S. 322; Friedrichsen S. 46 ff; richtig Goitein S. 69; Johnson S. 82; Kuenen S. 417 ff; Lippl S. 159; Scott S. 22; Thoma S. 495; Weiser ATD S. 189.

7. Der Gang eines Israeliten zu einem andern Volk, um dort eine Botschaft auszurichten, sei unglaublich[24].
8. Die Buße der Niniviten sei ebenfalls unglaublich und werde sonst nirgends bezeugt[25].
9. Ein Prophet hätte sich mit einer so raschen Buße nicht begnügt[26].
10. Das Jonabuch sei abhängig von den Königsbüchern (2 Kö 14), von Jeremia und Joel, und deshalb, weil Joel ein später Prophet, noch später als letzterer[27].
11. Das Buch spiegle Zustände der persischen Herrschaft über Israel, z. B. die Beratung des Königs mit den Großen über den Erlaß in 3,7 oder die Aktualität der Diskussion über das Verhältnis Israels zu den Heiden[28].
12. Im Gegensatz zu den übrigen Propheten bringe das Jonabuch nur Geschichten *über* den Propheten[29].
13. Zur Zeit des wirklichen Jona (2 Kö 14,25) sei der Gedanke an Assyrien oder gar Ninives Zerstörung völlig abwegig gewesen[31].

Wir wollen diese Gründe der Reihe nach auf ihre Haltbarkeit prüfen.

Zu 1: Die Sprache des Buches läßt eine Entscheidung über die Abfassungszeit nicht zu. Einerseits kommen die als fremdartig (aramäisch) empfundenen Sprachteile in früheren Büchern des AT (z. B. Ri 5,7; 1 Mo 24,7) vor, bzw. sind schlicht hebräisch, oder sie erklären sich teilweise daraus, daß das Hebräische für Ausdrücke der Schifffahrt Anleihen bei der Umwelt machen mußte[32]. Andererseits hatte das Nordisraelitische (Jona stammt von dort) eine besondere dialektische Färbung, die eine gewisse Verwandtschaft zum Aramäischen aufweist[33]. Archäologen wie z. B. Wiseman machen selbst bei den kurzen erhaltenen Inschriften auf den »nördlichen Dialekt des biblischen Hebräisch« aufmerksam[34]. Vielleicht benutzt Jona in den Begriffen »Edikt« (3,7) oder »Rizinus« geradezu Lehnworte aus dem Assyrischen. Aufgrund der Sachlage verzichten alle Forscher darauf, sich hier allein auf die Sprache zu verlassen. Der

[24] Friedrichsen S. 46 ff; Nöldeke S. 76.
[25] Baudissin S. 594; Bleek S. 401; Driver S. 326; Feuillet I. S. 161; Friedrichsen S. 54; Haller S. 9; Hempel S. 44; Rudolph KAT S. 324; Soggin S. 71.
[26] Gunkel Sp. 369; vgl. auch Kuenen S. 417 ff; Nöldeke S. 76.
[27] Driver S. 322; Feuillet I S. 167; Gunkel Sp. 369; Kuenen S. 417 ff; Nowack S. 182; Rudolph KAT S. 329 f; Stollberg S. 21.
[28] Eissfeldt Einl. S. 547; Rudolph KAT S. 329 f.
[29] Childs S. 53 f.
[31] Winckler S. 261; Loretz Gotteswort S. 19; ähnlich Eerdmans S. 175.
[32] Vgl. Döller S. 37 ff; Ermoni Sp. 1607 f; Snaith S. 13.
[33] Schon Ewald S. 237 f; Ermoni Sp. 1607; Snaith S. 17.
[34] Nil S. 60; Eerdmans S. 177.

neueste jüdische Ausleger Gabriel Cohn erklärt schlicht: eine Feststellung der Abfassungszeit sei »vom Sprachlichen her unmöglich«.[35]

Zu 2: Daß das Jonabuch keine historische Erinnerung an das assyrische Zeitalter bewahre, läßt sich im Ernst nicht aufrechterhalten. Zwar nannten sich die assyrischen Herrscher nicht »König von Ninive«, sondern »König der Welt, König Assyriens . . ., der große König, der mächtige König . . . Der König, der von jenseits des Tigris bis zu den entfernten Bergen Libanons und hin zum Großen Meer (Mittelmeer) . . . zu seinen Füßen legte . . .«[36] o.ä. Da aber Ninive in den Augen Jonas Assyrien repräsentierte, ist der Ausdruck König von Ninive gut verständlich; ähnlich wurde früher vom König von Rom, Kaiser von Wien, Rom oder Byzanz gesprochen.

Auch die Formulierung: Ninive »war« eine große Stadt, ist kein Einwand gegen frühe Datierung. Der ganze Bericht ist ja in der Vergangenheit gehalten und blickt deshalb speziell auf das Ninive, das Jona eben damals antraf – ohne sagen zu wollen, jetzt (z. Zt. der Niederschrift) sei es nicht mehr dasselbe[37]. Die Bemerkung von Rudolph, der König könne nicht ständig im Prachtgewand auf seinem Thron gesessen haben (KAT S. 324), geht am Sachverhalt vorbei. Der königliche Aufzug gehört gerade zu dem Augenblick, in dem der König eine ihn und den Staat betreffende wichtige Botschaft empfängt (3,6). Vielmehr werden wir sehen, daß das Jonabuch sehr gut in eine bestimmte assyrische Situation hineinpaßt. Der Verfasser weiß wirklich Bescheid über die geschichtlichen Verhältnisse Assyriens, z. B. Größe und Einwohnerzahl Ninives, Verfassung und Verwaltung, Trauerbräuche und religiöse Übungen.

Zu 3: Wunder gibt es ebenso in frühen wie in späten Berichten des AT. Die Wunder beim Auszug aus Ägypten gehören zu Israels ältester Überlieferung. Insbesondere die Erzählungen von den Propheten Elia und Elisa, 100 bzw. 60 Jahre vor dem Jona, den das 2. Königsbuch erwähnt, erinnern an Jonas Widerfahrnisse. Die Vermutung mancher Forscher, daß zwischen Elia und Elisa einerseits und Jona andererseits eine gewisse Berührung, vielleicht sogar ein Schülerverhältnis angenommen werden könne[38], verdient in diesem Zusammenhang Interesse.

Zu 4: Wer aus den »Mythen« eine späte Entstehungszeit des Buches erschließen will, muß zuerst voraussetzen, daß Jona aus solchen abzuleiten ist. Das erscheint sehr zweifelhaft. Zuletzt hat der jüdische Gelehrte Cohn diese Frage ausführlich diskutiert. Er glaubt nicht, daß Jona von heidnischen Mythen abzuleiten wäre. Vielmehr zeigt er starke Unterschiede auf: die heidnischen Helden retten sich durch eigene Kraft, Jona wurde durch Gebet und Unterwerfung unter Gottes Ratschluß gerettet; in der Sage tauchen göttliche Gegenmächte empor, im Jonabuch sind alle Kräfte abhängig von Gottes Wort; bei Jona geht es um Gottes Wort und seine Antwort, in den

[35] S. 63; vgl. schon Ewalds Warnung S. 237 f; Halévy S. 44 f; Mozley S. 182 ff; Pusey S. 249 ff; Schmidt TS S. 190 f; Snaith S. 37; Soggin S. 73 f.
[36] Assurnasirpal II. (878) nach Wiseman Stela S. 29; vgl. Luckenbill S. 182.
[37] Döller S. 39 möchte das »war« sogar im Sinne der Gegenwart verstehen; vgl. Ermoni Sp. 1607; Mozley S. 191.
[38] Delitzsch S. 113; vgl. Cohn S. 75 und Ewald S. 238 f.

Mythen um ganz verschiedene Interessen (S. 78 ff). Cohn hält Ninives Problematik insgesamt für »altbiblisch« wie die der Sintflut, Sodoms, Gomorras, Elias (S. 75). Gegen mythische Ableitung spricht allein schon die Tatsache, daß wirklich vergleichbare heidnische Texte zu spät auftreten, als daß sie für Jona noch eine Rolle spielen könnten: bei Lykophron um 280 v.Chr.; bei Apollodor im 2. Jhd. v.Chr.; bei einem Scholiasten des Hellanikos; daß Herakles 3 Tage im Bauch des Ungetüms war, wissen erst die christlichen Schriftsteller zu vermelden![39] Die Absicht, aus solchen Mythen das Jonabuch herzuleiten, richtet sich allein durch die Unwahrscheinlichkeit des Verlaufs, wie ihn sich z. B. Loretz vorstellt, und die freischwebenden Vermutungen, mit denen man hier arbeiten muß[40]. Wenn Hardy, Riessler und manche andere eine Beziehung zu der buddhistischen Erzählung über den Kaufmannssohn Mittavindaka aus Benares annehmen, so müßte man nicht nur fragen, wie eine solche nach Israel gelangt sein sollte, sondern auch die entscheidenden Unterschiede sehen: bei ihm geht es um die Beziehung zur Mutter, nicht Gott; das Schiff fährt bei ihm nicht weiter; er kann ein Floß benutzen.

Zu 5: Wir mögen zwar manche Angaben im Buch vermissen, die wir gerne zur Vervollständigung unseres Wissens gehabt hätten. Das geht uns bei anderen biblischen Büchern genauso. Jedoch können wir für die Datierung so gut wie nichts daraus gewinnen. Im übrigen ist die Knappheit der Darstellung eher ein Argument für das Alter.

Zu 6: Richtig ist, daß der Dankpsalm auch in eine andere Situation passen könnte. Vielleicht hat man Wendungen wie »Brecher« und »Wellen«, »Wasser« und »Tiefe« schon sehr bald auch im bildlich übertragenen Sinn verstanden. Andererseits ist ein Psalm des Dankes gerade dann zu erwarten, wenn Jona den Fisch als Werkzeug seiner Rettung auffaßt. In der Tat erfährt er durch ihn Jahwes Gnade und Hilfe[41].

Zu 7: Jona steht mit seinem Auftrag, eine göttliche Botschaft außerhalb Israels auszurichten, nicht allein. Das AT bietet eine Reihe ähnlicher Beispiele. Am Beginn der Volkwerdung Israels sendet Gott den Mose zum Pharao mit dem Verlangen, sein Volk freizugeben, widrigenfalls er Strafe erleiden müsse (2 Mo 4,22 f u.ö.). Elia wird erst zur Witwe nach Zarpath gesandt (1 Kö 17,18 ff; vgl. Lk 4,25 f), dann zur Salbung eines neuen Königs nach Syrien (1 Kö 19,15). Elisa, sein Nachfolger, hält sich in Damaskus auf, um Hasael zum Nachfolger Benhadads zu bestimmen (2 Kö 8,7 ff). Man erinnere sich ferner, wie Joseph dem Pharao und Daniel dem babylonischen Könige zum Propheten und Überbringer des göttlichen Willens wurden (1 Mo 41; Da 2–6). Die Sendung Jonas nach Ninive bildet also keine einzigartige Ausnahme.

[39] Vgl. Bleek S. 405. Die Verlegung der Andromeda-Sage nach Joppe = Japho ist vermutlich erst nachträglich geschehen. Vgl. weiter Catterall Sp. 985 ff; Cheyne Sp. 2568; Döller S. 19 f; Friedrichsen S. 301 ff; Hävernick S. 336 f; König S. 750; Kuenen S. 417 ff; Lippl S. 161 f; Nöldeke S. 80; Pusey S. 261 ff; Sellin S. 238; Thoma S. 501 f; Weicker Sp. 1240 ff. Die Texte bei K. Müller I S. 79; Plinius V, 128; Strabo I, 42 f; XVI, 759.

[40] Loretz Gotteswort S. 18 f; für die gegenteilige Ansicht vgl. Baumgartner AT S. 168; Bentzen S. 146; Marti S. 246 f; Weiser Einl. S. 203.

[41] Vgl. Landes Kerygma S. 12 ff; Cohn S. 82; Landes JBL S. 450; Zoller S. 52.

Zu 8: Die Buße der Niniviten ist ebensowenig unglaublich oder auch glaublich wie die eines anderen Volkes, Israel eingeschlossen. Man vergleiche 5 Mo 7,7 f; Am 9,7. Wir haben im AT noch mehr Beispiele, wie Heiden zur Anerkenntnis Gottes und seines Willens kommen: eben jene Benhadad und Hasael aus Damaskus, dazu der Syrer Naeman (2 Kö 5); jene Witwe aus Zarpath, und ebenso Ruth, die zu Naemi spricht: »Dein Gott ist mein Gott« (Rth 1,16). Als Israel den Jordan überschritt, unterwarfen sich nicht allein Rahab und ihr Haus der mächtigen Hand Jahwes, sondern auch ganze Gemeinden wie Gibeon (Jos 2 bzw. 9). Ja, Könige ehrten Jahwes Willen in Erlassen für das ganze Land, sei es unter dem Druck der Situation wie Pharao (2 Mo 12,30 ff), sei es von der Prophetie überwunden wie der babylonische Herrscher (Da 2,46 ff; 4; auch Kap. 3 und 6). In den Propheten lebte eine immer wieder erwachende Hoffnung auf die Bekehrung der Völker (Jes. 2,11; 18,7; 19,23 ff; Sach 14,16 ff; vgl. schon 1 Mo 12,3; 49,10). Schließlich ist mit Lippl (S. 163) u. a. zu bedenken, daß »der Zug von der Buße der Niniviten und der Schonung ihrer Stadt . . . wohl nach 612 schwerlich mehr entstanden« wäre, falls man dies hätte erdichten wollen. Überhaupt ist ja Ninive im Gegensatz zu Babylon oder Sodom in der Bibel niemals zum Symbol geworden.

Zu 9: Es gibt keine »prophetische« Regel für die Dauer einer Buße. Aus 1 Kö 21,28 f oder 2 Kö 20,4 f ist zu entnehmen, wie überraschend schnell Gott Vergebung gewähren kann. Im übrigen muß in der Auslegung noch geprüft werden, ob Ninives Buße bloß so »rasch« oder oberflächlich war.

Zu 10: Unzweifelhaft dagegen sind inhaltliche Beziehungen des Jonabuches zu den Königs- und den prophetischen Büchern. Ähnlichkeiten unter biblischen Büchern können aber eine Datierung erst dann begründen, wenn aus *anderen* Argumenten deutlich wird, welche Schrift in welche Zeit gehört. In der Tat vermuten manche Forscher eher eine Abhängigkeit Jeremias und Joels von Jona, als umgekehrt[42]. Es könnte außerdem sein, daß alle drei Bücher oder alle in Frage kommenden unabhängig voneinander an einer ähnlichen Tradition teilhaben. Abwegig wäre es schließlich nicht, wenn Gott verschiedenen Botschaftern eine verwandte und vergleichbare Botschaft auftrüge.

Zu 11: Daß das Jonabuch Zustände der persischen Herrschaft spiegle, ist jedenfalls in seiner Allgemeinheit falsch. Um den konkreten Fall der Beratung des Königs mit seinen Großen zu nehmen: diese Einrichtung ist so weit verbreitet im alten Orient, daß wir sie ebenso in Ägypten wie in Syrien und Israel und ganz besonders in Assyrien finden[43]. Die Diskussion über das Verhältnis Israels zu den Heiden hat Israel in seiner Geschichte stets begleitet[44]. Die Situation im Jonabuch erzwingt also keine Einordnung in die Perserzeit, ja, legt sie nicht einmal nahe. Der Hintergrund und die Umstände passen vielmehr so gut in die assyrische Zeit, daß selbst Rudolph, der in die persische Epoche datieren will, schreiben muß: »Da er (der Verfasser) sich zeit-

[42] So z. B. Döller S. 36; Cohn S. 99,2; sehr vorsichtig auch Schmidt TS S. 190.
[43] Vgl. etwa 2. Mose 12,30; 1. Kö 12,6 ff; 2. Kö 6,8.
[44] Vgl. 4. Mose 25,1 ff; Jos. 24,15; 1. Kö 16,29 ff; 2. Kö 15,17 ff; Da 1,8 ff.

lich im Rahmen dieses Jona (8. Jhd.) hielt . . . ist es begreiflich, daß man diese kleine Schrift für vorexilisch hielt.« (KAT S. 328).

Zu 12: Richtig ist, daß Jona im Zwölfprophetenbuch dadurch auffällt, daß die prophetische Botschaft gegenüber den Erlebnissen und Handlungen weit zurücktritt. Aber darf man daraus ein Argument für die Spätdatierung machen? Wir sehen nicht nur in der ersten Hälfte des Danielbuches (Kap. 1–6) einen ähnlichen Inhalt, sondern würden, wenn man das über Elia und Elisa oder auch Micha ben Jimla Berichtete für sich zusammenstellte, ein Prophetenbuch erhalten, das Jona gliche. Zudem machen Geschichten über den Propheten einen beträchtlichen Teil der Bücher Jesaja, Jeremia und Hesekiel aus. Aber wiederum gilt, daß die Einmaligkeit eines biblischen Buches keinen Grund abgibt, Zweifel an seinen Angaben zu unterstützen.

Zu 13: Daß »ein Gedanke an Assyrien oder gar an Ninives Zerstörung« zur Zeit Jerobeams II. (788–748), als Jona ben Amittai lebte, »unmöglich« gewesen sei, wie etwa Winckler und Loretz[46] glauben, verwundert in Anbetracht der historischen Nachrichten. Man braucht nur jene assyrische Abbildung anzusehen, wie der israelitische König Jehu im Jahr 841 vor Salmanasser III. auf Händen und Knien liegt, als er seinen Tribut abliefert, um realistischer von der assyrischen Gegenwart jener Tage zu denken[47].

b) Wir haben bisher die Gründe besprochen, die man für eine späte Datierung des Jonabuches anführt. Keiner von ihnen erweist sich als stichhaltig. Es geht nunmehr darum, positiv nach einer einleuchtenden Datierung zu suchen. Wir gehen zunächst von folgenden Gesichtspunkten aus:

1. Da unser Jonabuch in der jetzigen Ordnung in der griechischen Bibel des 3. Jhds. enthalten ist, kann Jona nicht später als ungefähr 300 v.Chr. geschrieben sein[48].

2. Das Jonabuch selbst scheint, wie der Namensvergleich in Jon 1,1 und 2 Kö 14,25 ergibt, auf den Jona hinzuweisen, der unter dem israelitischen König Jerobeam II. (788–748) gelebt hat. Die biblischen Aussagen selbst führen auf eine Datierung im 8. Jhd.

3. Die jüdischen Ordner des Kanons stellten Jona zu den Propheten des 8. Jhds. v.Chr., hielten ihn also ebenfalls für eine geschichtliche Gestalt des 8. Jhds. (vgl. dazu im Anhang den Exkurs). Es war ein Grundfehler, daß die Forschung nach der Aufklärung oft gar nicht mehr ernstlich fragte, ob die Zeit jenes Jerobeam nicht wirklich am besten zum Inhalt des Jonabuches passe. Das ist der Fall, wie jetzt darzulegen ist.

[46] Winckler S. 261; Loretz Gotteswort S. 19; vgl. auch Kaiser Einl. S. 155; anders z. B. Delitzsch S. 115.

[47] Vgl. Döller S. 4; Haran S. 272 ff; Pritchard ANEP S. 122. Es handelt sich um den bekannten »Schwarzen Obelisken«, der noch andere Darstellungen enthält.

[48] Albright meint, das Buch Tobias sei im 4. oder 5. Jhd. v. Chr. geschrieben (New Horizons S. 38). Dann müßte wegen Tob. 14,4.8 das Jonabuch mindestens *vor* 400 v. Chr. verfaßt sein.

Über Jerobeam II. macht die Bibel lediglich knappe Bemerkungen (2 Kö 14,23–29). Nichtsdestoweniger sind sie atemberaubend. Allein die 40-jährige Regierungszeit und sein friedliches Ende sind einmalig im Nordreich. Vor allem jedoch »stellte er wieder her das Gebiet Israels von Hamath bis ans Salzmeer«. Damit erreichte Jerobeam dieselbe Ausdehnung nach Norden und Osten wie David auf dem Höhepunkt seiner Macht. Hamath liegt ca. 200 km nördlich von Damaskus. Das südliche und mittlere Syrien war also Jerobeam ebenso untertan wie das Ostjordanland. Daneben erscheint Juda, das Südreich, wie ein Zwergstaat. Der äußeren Machtentfaltung entspricht eine beispiellose wirtschaftliche Blüte und Prunksucht im Innern. Tonscherben, die man in Samaria fand, erwecken noch im modernen Ausgräber den Eindruck, daß Samaria »damals ein geschäftiges Handels- und Verwaltungszentrum« bildete (Wiseman Nil S. 60). Die ausgegrabenen Lieferscheine in Ton offenbaren noch mehr: »um die Hälfte mehr Leute« trugen Namen, die mit Baal zusammengesetzt waren, als Namen, die die Gottesbezeichnung Jahwe enthielten (Wisemann a.a.O.). Wir verstehen jetzt Amos, der just in jener Zeit die Frauen Samarias anredet: »ihr fetten Kühe, die ihr auf dem Berge Samarias seid und den Geringen Gewalt antut und schindet die Armen und sprecht zu euren Herren: Bringt her, laßt uns saufen!« (Am 4,1). Wenn er ihnen danach androht, »daß man euch herausziehen wird mit Angeln«, so spielt er gerade auf assyrische Vergeltung an. Wir sehen auf einer Abbildung den assyrischen König Asarhaddon, wie er unterworfene Könige an einer Leine hält, die mit einem Ring in der Lippe befestigt ist (vgl. Jes 37,29). Amos droht auch schon wegen der Verachtung Gottes und der Unterdrückung der Armen die Wegführung durch die Assyrer an: aus den Lagern von Damast und Elfenbein, aus Schlemmen und Sorglosigkeit in die tiefste Verzweiflung[49]. Diese Zusammenhänge sind längst erkannt[50]. Warum konnte Jerobeam II. eine solche Glanzzeit heraufführen? Banal gesagt trat er in eine Sternstunde glücklichster Konstellationen für Israel ein. Die Bibel drückt es anders aus: »Denn der Herr sah den bitteren Jammer Israels an . . . Und der Herr . . . errettete sie durch Jerobeam« (2 Kö 14,26 f). Der nächste Erbfeind Israels, nämlich Syrien, hatte seit jenem von Elisa bestimmten König Hasael einen Niedergang erlebt. Damaskus und Hamath rivalisierten miteinander. So konnte sie Jerobeam unterwerfen. Der viel wichtigere Grund jedoch war der Stillstand der assyrischen Ausbreitung.

Der erste assyrische König, der das Mittelmeer erreicht hatte, war Tiglatpileser I. (1116–1077). Im Blick auf die Jonageschichte ist interessant, daß eben für jenen König die tributpflichtigen Küstenstädte Byblos (heute Beirut), Sidon und Arwad eine Triumphfahrt über See arrangierten »mit eingelegter Walfisch- oder Robbenjagd.«[51] Mit erneuter Wucht brachen dann die Könige Assurnasirpal II. (884–859) und Salmanasser III. (859–824) gegen den Westen vor. Letzterer ließ die berühmte Inschrift

[49] Vgl. Amos 2,6 ff; 3,9 ff; 4,1 ff; 5,1 ff – bes. 5,27!; 6,1 ff; 7,7 ff; 8,4 ff; 9,1 ff.
[50] Greßmann S. 323; Mac Lean S. 842; Olmstead S. 169; Wolff Studien S. 15.
[51] Schmökel Assur S. 113; vgl. Luckenbill S. 98.

von Nahr-el-Kelb am Mittelmeer einhauen[52]. Jährlich zog er zu neuem Kriegszug von Ninive aus, deponierte aber die Beute in seiner Hauptstadt Assur[53]. Man bemerkt in jener Zeit »einen neuen Geist der Angriffslust und Grausamkeit« in den Inschriften der assyrischen Könige (Oppenheimer S. 272). Das mag damit zusammenhangen, daß die Kriege als heilige Kriege im Auftrag der Götter galten. Ein solches Bewußtsein läßt sich jedenfalls aus der neuen Stele ablesen, die Wiseman vorstellte, und auf der Assurnasirpal II. von sich sagt: »der König der Welt, der König Assyriens ... der König, der mit Hilfe der großen Götter, seiner Herren, vorwärtsschreitet ... der König, der von jenseits des Tigris bis hin zu den fernen Libanonbergen und zum Großen Meer (Mittelmeer) ... zu seinen Füßen unterwarf ... Assur, der große Herr, bezeigte mir seine Gunst und verhieß mit seinem reinen Mund meine Herrschaft und meine Macht.«[54] Unbeschreibliches Leid begleitet die assyrischen Heere: »Seine Henker pfählen und schinden, spannen die abgezogenen Menschenhäute auf Gerüsten vor dem Tor der bekämpften Stadt aus, schneiden ihren Opfern die Gliedmaßen einzeln ab« (Schmökel S. 126). Begreiflich, daß die »assyrische Gewitterwolke« einen schreckensvollen Schatten auf die kleineren Königreiche am Mittelmeer warf. Benhadad von Damaskus und Ahab von Israel bilden darauf mit anderen eine schlagkräftige Koalition. In der berühmten Schlacht von Karkar (853 v.Chr. am Orontes in Syrien) werden die Assyrer zunächst gestoppt; die furchtbare blutige Schlacht endete wohl unentschieden. Ein wenig prahlerisch berichtet der Assyrerkönig: »ihre Leichen verstreute ich, mit ihren zahlreichen Truppen füllte ich die Ebene, mit den Waffen ließ ich ihr Blut fließen ... Das Feld war zu klein für das Niedermetzeln seiner Seelen, das weite Gelände reichte nicht, um sie zu begraben. Mit ihren Leichen dämmte ich den Orontes wie mit einer Brücke.«[55] Spätestens von da an bleibt Assyrien für Israel ein Begriff. Als Salmanasser III. 841 Damaskus belagert und Syrien verwüstet, bringt mit den Tyrern und Sidoniern auch Jehu, der Mörder des Hauses Ahabs, demütig Tribut[56].

Adadnirari III. berichtet, er habe Syrien, Tyrus, Sidon, Israel, Edom und Philistäa unterworfen (806 v.Chr.)[57]. Doch dann trat eine merkwürdige Pause ein. Bis zum Beginn der Herrschaft Tiglatpilesers III. (746–727 v.Chr.) haben die Länder am Mittelmeer Ruhe. Assyrien scheint in eine Art Winterschlaf verfallen. Wir können die äußeren Umstände noch recht gut erkennen. Assyrien wird seit 782 v. Chr. von schwächeren Königen regiert[58]. Zum Niedergang seiner Macht tragen schreckliche

[52] 10 km nördlich von Beirut, vgl. Galling Nr. 20 S. 51.
[53] Olmstead S. 147; vgl. v. Soden Sp. 651.
[54] Wiseman Stela S. 29 f.
[55] Nach Galling S. 50; vgl. Pritchard ANEP S. 122; Pritchard ANET S. 276 ff; v. Soden Sp. 651 f; Greßmann S. 323; Oppenheim S. 272.
[56] Vgl. Galling S. 51; Meißner Könige S. 141; v. Soden Sp. 652. Jehu scheint seine neue Herrschaft dadurch stützen zu wollen, so Olmstead S. 161.
[57] Galling Nr. 22 S. 54; v. Soden Sp. 652; vgl. Haran S. 268.
[58] Salmanasser IV. (782–772); Assurdan III. (772–754); Assurnirari IV. (754–745); vgl. Bezold Sp. 1759 f; Olmstead S. 166 ff; Scharff-Moortgat S. 407.

Pestepidemien bei, die die Heere 765 und 759 heimbringen. Am 15. Juni 763 findet eine totale Sonnenfinsternis statt. Alle diese Ereignisse wie auch das militärische Steckenbleiben gelten als Ausdruck göttlichen Zorns und Zeichen des Unglücks für das Königshaus. So gerät Assyrien in tiefe Verwirrung und Unruhe, bis dann im Gefolge einer Revolution Tiglatpileser III. 746 den Thron besteigt[59]. Das materielle und kulturelle Leben hat damals stark gelitten. Symbolisch dafür ist, daß Assur, langjährige Hauptstadt, von einem assyrischen Edlen erobert und zu seiner Residenz gemacht wurde[60].

Genau jener Zeitabschnitt zwischen 782 und 746 v.Chr. ist die Zeit Jerobeams II. und Jonas gewesen. Man wird sagen müssen, daß Jonas Gestalt und Geschick nirgends besser hineinpaßt als in diese geschichtliche Situation, auf die die biblischen Angaben ja hindeuten[61]. Das Jonabuch spiegelt nichts von einer Fremdherrschaft über Israel bzw. die Juden, wie sie die späteren Datierungen voraussetzen müssen. Vielmehr spiegelt es genau jenen Stand von Bekanntschaft und Furcht gegenüber Assyrien, den die beschriebene Lage erwarten läßt. Es atmet eine Kommunikation mit der politischen und kulturellen Welt, wie sie eben in den Tagen Jerobeams für selbstverständlich gelten mußte. Es kennt auch noch keine Juden im Zweistromland, wie sie nach den Wegführungen durch Assyrien und Babylonien dort so häufig wurden, daß keine spätere Abfassung sie hätte außer acht lassen können. Schließlich weist es jene Berührung mit Elia und Elisa auf, die wir von einem Jona ben Amittai unter Jerobeam II. erwarten dürfen. Mit einigen anderen Forschern nehmen wir also an, daß der Jona unseres Buches derselbe ist, wie der Prophet und Sohn Amittais am Anfang der Regierung Jerobeams II. (ca. 780 v.Chr.)[62].

c) Über die Zeit der Abfassung des Buches läßt sich nichts Sicheres sagen. Ausgeschlossen ist es nicht, daß Jona selbst die Niederschrift besorgte, wie manche Forscher geglaubt haben[63]. Auch Jesaja hinterließ im 8. Jhd. schriftliche Aufzeichnungen (8,16; 30,8). Denkbar ist weiter, daß Jona einen Schreiber benutzte, wie Jeremia um 600 v.Chr. den Baruch (32,12; 36,4; 45,1; vgl. 51,59 ff). Viele Gelehrte sind der Meinung, ein Schüler Jonas habe das kleine Buch niedergeschrieben[64]. In diesem Fall rechnet man gerne mit einem längeren Zeitabstand zu den Ereignissen. Die ge-

59 Hallo S. 44 ff; A. Jeremias S. 257; Meißner Könige S. 153 ff; Olmstead S. 171 ff; v. Soden Sp. 652.

60 Olmstead S. 172; Stählin S. 195.

61 Vgl. Hallo S. 46; Mozley S. 176; Haran S. 279.

62 Ebenso z. B. Aalders S. 66 ff; Delitzsch S. 113; Döller S. 2; Harrison S. 905; Jahn S. 518; Kaufmann S. 282; Lamb S. 154; Mozley S. 170 ff; Sack S. 346; Trépanier S. 15; Vycichl S. 183,1; vorsichtig auch Cohn S. 99,2; Ewald S. 235; dann Kleinert S. 13; Stek S. 392; Ermoni Sp. 1607 ff. Hävernick nennt S. 330,2 folgende Gelehrte des 19. Jhds., die sich für die historische Wahrheit des Buches aussprachen; Baumgarten, Delitzsch, Herbst, Heß, Laberenz, Lilienthal, Lüderwald, Piper, Reindl, Steudel, Verschuir. Aber auch Sellin (S. 237) u. a. dachten an »einen . . . historischen Kern«.

63 Delitzsch, Döller, Pusey, Mariani (nach Ziegler S. 145), Ermoni, Goitein, Mozley.

64 So z. B. Cohn, Jahn, Volck.

nannte Meinung läßt sich damit stützen, daß von Jona nie im Ich-Stil, sondern nur in der 3. Person Einzahl die Rede ist. Uns scheint allerdings, daß die Erinnerung an die Ereignisse im Buche noch recht lebendig ist und die Abfassung wohl noch im 8. Jhd. erfolgte. Sonst würde man auch eine Schlußbemerkung erwarten wie etwa am Ende der Königs- und Chronikbücher oder bei Esther (2 Kö 17,7 ff; 25,27 ff; 2 Chro 36,22 ff; Esth 10,2 f)[65].

Gelegentlich wurde vermutet, das Jonabuch sei einmal Teil eines Kommentars (hebr. Midrasch) zu den Königsbüchern gewesen[66]. So wenig man von der Hand weisen kann, daß es eine Zeitlang auf diese Weise in der Überlieferung aufbewahrt wurde, so wenig ist doch diese Annahme zwingend. Denn der Buchanfang mit einem »Und«, worauf man sich hier berief, findet sich auch bei anderen, ursprünglich selbständigen biblischen Büchern (bei Richter, Ruth, 1. Samuel, Esra, Esther, Hesekiel). Es wird also eine selbständige Schrift gewesen sein, bis es bei der Zusammenstellung des jüdischen Kanons ein Teil des Zwölfprophetenbuches wurde (zu letzterem vgl. den Exkurs im Anhang).

C. Art und Zweck des Buches

a) Die Auslegungsgeschichte zeigte uns, wie umstritten in den beiden letzten Jahrhunderten die Frage war, ob das Jonabuch einen geschichtlichen Bericht oder eine Dichtung darstellt. Für eine Dichtung sollte man erwarten, daß über ihre Art und ihren Lehrzweck Einigung erreicht werden kann. Tatsächlich gehen jedoch die Anschauungen weit auseinander.

Semler nannte 1773 das Buch eine »moralische Dichtung« oder eine »Fabel«, für Eichhorn war es 1783 eine »lehrende Fabel« oder ein »historischer Mythos«[67]. Im 20. Jhd. reichen die Urteile von der »Lehrdichtung« (Kaiser Einl. S. 155, ähnlich Rudolpf KAT S. 325 und Wolff RGG Sp. 854) über die »Parabel« (Smith S. 488), die »Heiligenlegende« bzw. »Legende« (Eissfeldt Einl. S. 546, Jepsen S. 299) und die »kunstvoll ausgebaute Sage« (Stollberg S. 12) bis hin zur »kindlich-gemütvolle(n), märchenhafte(n) Form« (Gunkel Sp. 367), ja bis zum »Märchen« (Greßmann S. 323) und zum »Seemannsgarn« (Loretz S. 17).

Erwägen wir einerseits die Uneinigkeit derer, die für eine Dichtung eintreten, and-

[65] Ganz anders Haller S. 10: Jona entstand in einem Kreis, »in welchem am Feierabend die Männer zusammensitzen, in welchem Erzähler und Sänger, Rätselaufgeber und Lehrer und Weise ihren Platz haben.« So auch Steffen S. 20. Vgl. Aalders S. 68; Dentan S. 50,5. Wie wir urteilt z. B. auch Kaufmann S. 282.

[66] Zuerst von dem berühmten Philosophen Spinoza vermutet. Vgl. dann Budde Litteratur S. 216; ZAW S. 40 ff; Cheyne Sp. 2566 ff; Hävernick S. 324; König S. 748; Pfeiffer S. 587; Thoma S. 496.

[67] Vgl. Friedrichsen S. 99 ff.

rerseits die Ergebnisse der obigen Beobachtungen zur Datierungsfrage, wonach Jona überzeugend nur in den Zeitabschnitt Jerobeams II. von Israel hineinpaßt, dann können wir das Buch nicht mehr als Dichtung, Fabel oder Legende auffassen. Vielmehr stellt es sich uns als geschichtlicher Bericht, genauer als Prophetenbericht dar[68]. Jeder unbefangene Leser hat auch den Eindruck, daß das Jonabuch Ereignisse berichten will, die sich auf die geschichtliche Person des aus 2 Kö 14,25 bekannten Jona beziehen.

b) Deuten also die biblischen Angaben ebenfalls auf einen Prophetenbericht, so erhärtet sich dieses Urteil noch durch die Überlegungen, die in der Forschungsgeschichte über den Zweck des Buches angestellt wurden. Es ist nämlich, wie bereits angedeutet, nicht gelungen, einen einheitlichen Lehrzweck des Buches auszumachen. Nach Semler (1773) will das Jonabuch zeigen, »daß Gott auch anderen Völkern Hülfsmittel zu einer besseren und heilsamen Erkenntnis verschaffe, nicht blos für die Juden sorge«. Nach Aug. Herm. Niemeyer lehrt es die Erkenntnis: »wie viel anders denkt, beschließt, wünscht, handelt der Mensch, wie anders Gott!« Eichhorn (1783) sieht den Hauptzweck im Aufweis der heidnischen Überlegenheit über die Juden: Jona lehre, »daß die von ihnen (den Juden) verachteten Heiden sie an Edelmuth in den Gesinnungen und Güte des Herzens weit überträfen, und daher Gnade und Liebe Gottes verdienten.« Herder (1786) und Hezel (1793) erblicken das Ziel des Buches in der Darstellung des Propheten bzw. des prophetischen Amtes. Möller (1794) und Rosenmüller (1813) zufolge führt in Jona alles auf die Lehre hin, daß der gnädige Gott dem gern verzeiht, der seine Sünden ernstlich bereut. Nach Köster (1838) u. a. soll dagegen das Buch Zweifel beschwichtigen, die nach dem Exil unter den Juden wegen der Nichterfüllung der prophetischen Drohungen über die Feinde aufkamen[69].

Die Erklärer des 20. Jhds. lassen sich hier in drei Gruppen einteilen. Die Vertreter der ersten Gruppe glauben, das Buch bekämpfe die jüdische Sonderstellung zugunsten eines »weltweiten Universalismus« und einer »toleranten Humanität« (so Eissfeldt Einl. S. 547), wobei die »engstirnigen (jüdischen) Frommen« die Gegner seien (so z. B. Rudolph KAT S. 325). Die zweite Gruppe sieht im Jonabuch den Aufruf, daß Israel sich als Missionar der heidnischen Welt verstehen soll. In dieser Gruppe gibt es eine Reihe von Forschern, die das Buch allegorisch auslegen wollen, wobei entsprechend Jer 51,34,44 der Fisch auf das babylonische Exil, Jonas Name (hebr. »Taube«) aber auf Israel gedeutet wird[70]. Schließlich ist die dritte Gruppe der Ansicht, das Büchlein wolle einschärfen, daß Heil bei Gott nicht nur den Juden, sondern auch den Heiden offenstehe. Manche Vertreter dieser Gruppe gehen noch weiter und sagen,

[68] Ebenso Keller ThZ S. 331; Keller Commentaire S. 265; vorsichtig auch Nötscher Echter B. S. 82; Harrison S. 905 ff.
[69] Vgl. Friedrichsen S. 99 ff.
[70] Vgl. hier Ackroyd S. 245; Cheyne Sp. 2567; Dale S. 9; Jepsen S. 304; Knight S. 56 ff; Marti S. 245; Smart S. 874; Smith S. 490; Wolff RGG Sp. 855.

hier sei die Bekehrung nicht mehr die Voraussetzung der Rettung[71]. Wir erwähnen noch v. Rad, der keiner der drei Gruppen zuzurechnen ist und in Jona einen Prophetenspiegel erblickt, der als »eine der letzten Äußerungen der Prophetie Israels ein Wort . . . vernichtender Selbstkritik« sei (II S. 302).

Es wäre doch eine eigenartige »Dichtung«, die der Auslegung zweier Jahrhunderte so auseinanderstrebende Deutungen erlaubt und so wenig Einheit ihrer Aussagen erkennen läßt! Fassen wir Jona degegen als geschichtlichen Bericht auf, dann sind wir nicht mehr gezwungen, alles auf einen bestimmten Lehrzweck zu verengen und das nicht in diesen Hauptzweck Passende zurückzustellen. Vielmehr haben in einem geschichtlichen Bericht verschiedene Aussagen und Interessen ihren Platz und ihre Berechtigung. So ist es denkbar, daß Jona mit diesem Bericht eine Rechtfertigung seines Wirkens in Ninive geben wollte[72]. Darüber hinaus konnte sein Bericht antworten auf die bedrängende Frage, warum der Herr das heidnische Assyrien nicht zerschlug, und zugleich eine warnende Leuchte für Israel werden, den Weg der Umkehr und des Gehorsams nicht zu verlassen. Vermutlich sahen diejenigen, die Jonas Bericht weiter überlieferten, in ihm keinen »kleinen«, sondern einen großen Propheten. Darauf deutet der Ehrentitel »Knecht« Gottes, den Jona in 2 Kö 14,25 in Entsprechung zu Mose (4 Mo 12,7; Hbr 3,5) erhält, und die erfüllte Weissagung (2 Kö 14,25), die Jona als echten Propheten ausweist (5 Mo 18,21 f). Über Israel hinaus enthält sodann Jonas Bericht auch etwas Typisches: in seinem Leiden und Auferstehen erkennt Jesus den ihm selbst bestimmten Weg, und auch Jesu Gemeinde versteht das Buch im Lichte des Neuen Testamentes als Zeugnis von dem Gott, der aus dem Tode auferweckt. Schließlich wird hier deutlich, wie Gott durch seinen Boten selbst Israels Feinde in seinen Plan mit seinem Volk und der ganzen Welt hineinnimmt.

c) Vergleicht man das Jonabuch mit den anderen alttestamentlichen Schriften, so treten noch einmal sowohl das Gemeinsame wie auch seine Eigenart hervor. Prophetenberichte, die Wirken und Erleben des Propheten zum Gegenstand haben, sind im AT häufig. Wir finden sie einerseits in den sog. prophetischen Büchern (Jesaja bis Maleachi), andererseits in denjenigen Teilen der Geschichtsbücher, die das Judentum unter dem Namen »frühere Propheten« zusammenfaßt, nämlich von Josua bis zum 2. Königsbuch. Wie oft beobachtet, gleicht das Jonabuch am meisten den Berichten über die beiden großen früheren Propheten Elia und Elisa, 1 Kö 17–19 und 2 Kö 2–13[73]. Seine Einzigartigkeit aber beruht darin, daß im Unterschied zu den anderen Propheten die Predigt gegenüber den Ereignissen sehr stark zurücktritt. Insofern urteilte Nöldeke (S. 72) mit Recht, das Jonabuch sei der »einzige selbständige« Prophe-

[71] So z. B. Kaiser Ev. Theol. S. 101. Eine Seite später bemerkt er, man müsse der Gemeinde »dazu verhelfen, daß sie mit der Bibel gegen solche Züge der Bibel leben kann, die von Gott durch die Geschichte (!) als menschliche Wunschvorstellungen entlarvt sind«.

[72] Daß er, wie Franz Delitzsch S. 122 meint, ein Sündenbekenntnis habe ablegen wollen, ist angesichts des Buchabschlusses wenig wahrscheinlich.

[73] Vgl. Budde Litteratur S. 215; Döller S. 1; Driver S. 322; Ewald S. 235; Hävernick S. 340 ff; Keil S. 276; Keller ThZ S. 331; Loretz BZ S. 19.

tenbericht. Dadurch gelingt es jedoch dem Berichterstatter zu zeigen, wie Jona wirklich nur »Knecht«, nur Werkzeug war und Gott selbst der ist, der in allem herrscherlich handelt. Im Jonabuch ist die Theozentrik (= alles auf Gott zentriert) des AT auf einem Höhepunkt.

D. Zusammenfassung

Des Überblicks wegen stellen wir zunächst den hauptsächlichen Inhalt der einzelnen Kapitel zusammen. Anschließend werden wichtige Erkenntnisse aus dem Jonabuch hervorgehoben.

a) Überblick

Kap. 1 beginnt mit einer neuen und überraschenden Sendung des bekannten Propheten des Nordreichs unter Jerobeam II. (788–748). Jona, Sohn des Amittai, aus Gath ha-Chepher in Untergaliläa, hatte Jerobeam die glänzende Wiederherstellung der Grenzen des Davidreiches vorausgesagt, was auch eingetroffen war. Nun sendet ihn Gott mit einem Predigtauftrag zu den damals schlimmsten Feinden Israels, nach Ninive, dem religiösen Zentrum Assyriens. Jona will den Auftrag nicht ausführen und besteigt in Japho ein Tarsisschiff nach Spanien. Er fürchtet offenbar, Assyrien könnte durch die Buße die Gnade Gottes erlangen, und diese göttliche Gnade würde von Israel weichen, ja Assyrien könnte gerade dadurch zum Gerichtswerkzeug gegen Israel werden. Vielleicht spielt auch persönliche Furcht eine Rolle. In dem Seesturm, den Gott schickt, suchen die verzweifelten Seeleute den Schuldigen durchs Los. Es trifft Jona, und er muß bekennen, wer er ist. Als größte Anstrengung nichts fruchtet, folgt die aus Heiden gemischte Schiffsmannschaft dem Anerbieten Jonas und wirft ihn ins Meer. Danach wird das Meer still. Die Schiffsleute ehren Gott durch Opfer und Gelübde. Im machtvollen Handeln Gottes durch den Sturm aber wird schon deutlich, daß Gott seinen Knecht nicht laufen und nicht in der Gottesferne läßt.

Kap. 2 berichtet die wunderbare Rettung Jonas aus den tobenden Wellen durch einen Fisch, den Gott zur rechten Zeit dahin beordert. Der Schöpfer und Herr Jonas hat die souveräne Möglichkeit, die Natur zu benutzen, um Jona einen neuen Anfang zu schenken. Drei Tage hält sich Jona im Fisch auf, ebensolange wie Jesus nach der Kreuzigung und vor der Auferstehung im Totenreich ist. Jona ergreift dieses Gnadenangebot und bringt im Gebet zum Ausdruck, daß er sich neu in die Hand Gottes stellt und jetzt bereit ist, seinen Auftrag zu erfüllen. Darauf speit ihn der Fisch ans Land.

Kap. 3 lenkt unsern Blick auf Ninive. Jona hat den Auftrag ausgeführt, den der Herr ihm neu erteilte. Er predigt in Ninive – und wird angehört! Ja, es geschieht das wohl Denkbare und von Jona Gefürchtete, aber doch nach menschlicher Erfahrung Unwahrscheinliche: Ninive tut Buße, als es vernimmt, Gott wolle in 40 Tagen die Stadt völlig zerstören. Der König als Repräsentant des Staates und höchster Priester geht selbst voran und befiehlt zusammen mit seinem Rat Fasten, Bußkleidung, Gebet zu Gott und Umkehr von den sündigen Wegen. Er nimmt den einzigen Ausweg verlorener Sünder, sich ganz in das Erbarmen Gottes sinken zu lassen. Die Stadt, ja selbst die Tiere, vereinigen sich im Schrei nach Erbarmen. Da tut es Gott leid um die Stadt, er erbarmt sich und läßt sie fortbestehen. So kann später Assyrien neu erstarken und ein schreckliches Gericht an dem Israel durchführen, das gerade zu Jonas Zeit den Baalsgötzenkult pflegt und in seinem Wohlstand Gott immer mehr vergißt.

Kap. 4 zeigt uns den Propheten in einer provisorischen Hütte östlich Ninives, wo er auf das Kommende wartet. Als ihm deutlich wird, daß die Buße Gott zur Änderung seines Zerstörungsplanes und zum Erbarmen über die gefürchtete und so tief in Sünde gefallene Stadt bringt, brennt sein Zorn auf. Er kann Gottes Wege nicht mehr verstehen. Er ist in einer ähnlichen Verfassung wie bei der Flucht in Kap. 1. Ja, verzweifelt will er lieber sterben, als leben und in Israel von Gottes Gnade über den Erzfeind Assyrien künden. Nun setzt Gottes Ringen um seinen geliebten Knecht ein. Durch eine schattenspendende Staude, dann durch deren Zerfall und die lastende Sonne gewinnt der Herr als Schöpfer aller Dinge und Wesen ein Gleichnis. Jona ist es leid, als ihm die Staude genommen wird, die er ja nicht schuf. Soll er nicht Gottes Erbarmen über eine Stadt verstehen, die Gottes Schöpferliebe über lange Zeit großzog und die ihm durch die Zerstörung genommen würde, die aber jetzt doch ernstlich zu ihm umkehrte? Mit dieser Frage endet das Buch. Vermutlich ist das letzte Wort, das Gott behalten hat, Jona zum Grund einer neuen Verbindung mit dem Herrn geworden. Uns aber stellt es vor das tiefe Erbarmen Gottes, das wir durch unsere Buße in Anspruch nehmen dürfen.

b) Allgemeine Schlüsse aus dem Jonabuch

1. Die Geschichte des 8. Jhds. v. Chr. ist der Hintergrund, der dem Jonabuch ein schärferes Profil und eine hellere Beleuchtung schenkt. Hier zeigt sich in besonderer Weise, daß die Bibel durch und durch einen geschichtlichen Charakter hat, und nicht etwa einen fabel-haften. Gerade das Jonabuch, das so viel »schimpfiert« wurde, erweist sich Vers um Vers als Bericht über ein in die Geschichte wirkendes und die Geschichte prägendes Geschehen zwischen Gott, Jona, Israel und Ninive. Wer es »Fabel« oder »Lehrdichtung« nennt, der verkürzt es und legt es »weg«, statt »aus«. Erst das geschichtliche Ernstnehmen bleibt der Farbe und der Fülle des Buches treu.

2. Das Jonabuch ist zunächst ein Prophetenbericht über die Geschichte Gottes mit seinem Propheten Jona. In wenigen Kapiteln wird die ganze Spannung sichtbar, in die Gottes Anruf und Auftrag einen Propheten stellen kann. Es ist die Spannung, daß Augenschein und Auftrag so weit auseinanderklaffen, daß Vertrauen nur durch schwerste Krisen sich bewährt und wächst. Es ist die Spannung zwischen dem besserwissenden Willen des Menschen und dem offenbar viel einfacheren und doch unendlich überlegenen Gotteswillen. Es zeigt sich, daß Glaube niemals Vorauswissen ist und daß Gehorsam gerade gegen menschliches Verständnis vorwärtsbringt. Äußerst wertvoll ist hier die Erkenntnis, daß die Propheten nicht von Visionen abhängig

oder von ekstatischen Rauschzuständen vorwärtsbewegt waren, sondern von der deutlichen Anrede Gottes und äußeren Fügungen, die aber durch Gottes Wort ins Licht gerückt wurden. Das »Wort« ist das Entscheidende. Zugleich hüllt dieses göttliche Wort in Einsamkeit, in Mißverständnis und Angefochtenheit.

3. Es zeigt sich ferner im Buch Jona, daß Gottes Plan den Propheten, Israel und jedes einzelne Volk berücksichtigt. Das Große an Gottes Plan ist, daß er den freien menschlichen Willen nicht aus-, sondern einschaltet. Wir stellen uns Gottes Welt oft wie eine Maschine vor, die nur einen einzigen Treibriemen hat, nämlich Gottes Willen. An Jona wird aber klar, daß nicht nur alle Dinge denen, die Gott lieben, zum Besten dienen, sondern daß auch alle Dinge und Wesen dem Gott dienen, der alles geschaffen hat. Das Schöpfersein Gottes ist eine Bindung seiner Liebe an die Welt, in der Souveränität seines Willens. Das böse und das büßende Ninive wird von ihm gebraucht, der raubende Fisch rettet, die schattenspendende Pflanze und der zerstörende Wurm, der ermattende Wind und der neu aufbrechende Jona, ja auch der wider seine Absicht bekennende Jona auf dem Schiff dienen Gott nicht weniger als der Sturm. Es ist nur die Frage, ob wir ihm freiwillig dienen als seine Knechte und Vertrauten, ja jetzt durch Jesus als seine erlösten Kinder, oder unfreiwillig in der Knechtschaft des Bösen. Die Herrlichkeit des Gottes, der aus Schöpfung und Geschichte eine Einheit macht, des Gottes, der alles dienen und doch die Entscheidung dem Willen der Völker und Menschen läßt, sie ist eine der Haupterkenntnisse aus diesem Buch.

4. Man wirft dem AT und vor allem dem Judentum oft vor, daß es »partikularistisch« sei. Man meint also, Israel sei auf sein Heil beschränkt, und Gott sei auf dieses Israel beschränkt. Hier kann das Jonabuch korrigieren und heilen. Der universale Heilswille Gottes wird gerade an Israels schlimmstem Feind, Assyrien, das in Ninive repräsentiert ist, offenbar. Einen schlimmeren Feind hat Israel geschichtlich gesehen nie besessen, denn das Judentum lebt noch, während Israels 9 Stämme bis auf die Wiederkunft Jesu verloren bleiben – die 9 Stämme, die eben Assyrien auslöschte. Und merkwürdig: Gottes Gnade als Voraussetzung für Assyriens Macht wird gerade durch einen Propheten vermittelt, ja durch einen Propheten, den man unter Israels »Heilspropheten«, nicht Israels »Gerichtspropheten« rechnet! Hier meldet sich die eigenartige Verschränkung der Geschichte Israels mit den Völkern an, die in grundsätzlicher Weise zum Ausdruck gekommen ist, als Paulus in Röm. 11,11 schrieb: »durch ihren Fall ist den Heiden das Heil widerfahren, auf daß Israel ihnen nacheifern sollte«. Eben das beobachten wir in Jonas Zeit: als Israel von Gott abfällt, erbarmt sich Gott über das büßende Ninive = Assyrien auf dem Wege über einen Israeliten, und zugleich wird das begnadigte Ninive zum Gerichtswerkzeug gegen Israel, um Israel von neuem zu Gott zu treiben. So weltumfassend der Heilswille Gottes ist, so wenig vergessen bleibt der menschliche Ursprungsort Israel. Den Anfang bei Abraham und seinem Samen können wir weder verleugnen noch einebnen. Nicht partikularistisch ist das AT und auch nicht universalistisch im Sinn einer idealen Philosophie, sondern konzentrisch, heilschronologisch und organisch teleologisch, d. h. von einem Ursprung aus zu verstehen, in bestimmten Heilszeiten sich entfaltend und wachstümlich zielgerichtet = christusgerichtet.

5. So klar der umfassende Heilswille und die Feindesliebe Gottes ist, so notwendig wird uns die Buße als Lebensumkehr vor Augen gestellt. Wir verderben alles, wenn wir Gericht und Erbarmen als Prinzipien gegeneinander ausspielen oder gar den gerichtsversessenen Propheten gegen einen gerichtsvergessenden Gott stellen. Zwischen Jona und Gott gibt es keinen Meinungsunterschied über die Notwendigkeit der Buße. Ja, dies wird sogar doppelt ausgeführt: Ninive mußte umkehren, und Jona mußte umkehren. Gott ringt um beide, daß sie sich ändern. Gottes Erbarmen konnte weder in der Flucht vor ihm noch auf den bösen Wegen ergriffen werden. Die Umkehr ist und bleibt das Schiff, auf dem wir einzig und allein in den rettenden Hafen des göttlichen Erbarmens gelangen. Gottes Liebe kann an unserer Abweisung abprallen. Das ist der furchtbare Weg, der uns in Gericht und Hölle offen steht. Im NT ist dieser Grundsatz der ganzen Bibel unüberbietbar formuliert: »Also hat Gott die Welt geliebt, daß er seinen eingeborenen Sohn gab, auf daß alle, die an ihn glauben, nicht verloren werden, sondern das ewige Leben haben« (Jo 3,16).

6. Eine besondere Kostbarkeit des Jonabuches ist das Sichtbarwerden der Verbindung zum NT. Jona und Jesus erscheinen eng verbunden, wobei Jona Jesu Weg sowohl vorschattet als auch in seiner Erlösungsbedürftigkeit als einen notwendigen Weg sichtbar macht. Beide gehen ihren Weg im Auftrag Gottes; aber Jona entzieht sich durch die Flucht und verkörpert nach der Umkehr Ninives das Murren Israels über Gottes Wegen; Jesus hingegen kann stets sagen: ich und der Vater sind eins. Beide haben ein Wort Gottes zu überbringen; aber Jonas Botschaft wird durch den überboten, durch den Gott zuletzt geredet hat (Hbr 1,1 f). Jona und Jesus gehen in den Tod; aber Jona will *wegen* seiner *Sünde* sterben, wogegen Jesus *für* die *Sünder* stirbt; Jona kann nur die Schiffsleute vom *Schuldigen* befreien, wogegen Jesus in die tiefste Tiefe des Totenreichs hinabsteigt, versehen mit den Schlüsseln der Hölle und des Todes. Beide kommen ins Leben zurück; aber nur bei Jesus ist es eine wirkliche Auferstehung von den Toten in neuer Leiblichkeit, während Jona wie Lazarus im alten und sterblichen Leib zurückkehrt.

Jonas Gebet im Fisch ist Ausdruck der Abwendung des Letzten; Jesu Gebet in Gethsemane führt zum Einigwerden mit dem Letzten, und Jesu Gebet am Kreuz wird durch Gottes Zorn über die Sünde, die er auf sich nahm, zum Ausdruck schrecklichster Verlassenheit. Beide sind Propheten in Israel, aber Jona teilt die Sünden Israels, während Jesus sich unter seine Sünden als Opferlamm stellt. Beide predigen. Jona hat gegen seine innerste Absicht Erfolg, aber Jesus erleidet gegen seine innerste Absicht den Widerspruch der Sünder. Jona kann im Grunde Israels Feinde nicht lieben, während Jesus im Innersten seine und Gottes Feinde, das feindliche Israel und das feindliche Heidentum, nicht nicht lieben kann. Jona kann denen nicht vergeben, die ihn aufnahmen; Jesus muß denen vergeben, die ihn aus seiner Stadt (Jerusalem! Mt 5,35) verstießen. Jona kann Gottes Erbarmen so schwer verstehen, Jesus muß im Gehorsam die menschliche Erbarmungslosigkeit erleiden (Hbr 5,8). Jesus konnte der Spur folgen, die ihm der Vater im äußeren Weg Jonas vorgezeichnet hatte; aber er mußte auch für den Sünder Jona sterben. So führen aus dem Jonabuch die Linien zu Jesus und seinem Opfer am Kreuz.

II. Auslegung

A. Jona Kapitel 1

1. Gottes Auftrag an Jona, 1,1 – 2

1 Und es erging das Wort Jahwes an Jona, den Sohn Amittais:
2 *»Mache dich auf! Geh nach Ninive, der großen Stadt, und rufe über sie! Denn ihre Bosheit ist vor mich aufgestiegen.«

Den Namen **»Jona, Sohn Amittais«** finden wir auch in 2 Kö 14,25. 1
Ein Amittai kommt im AT nur dort und hier in Jona 1,1 vor. Es ist also sicher, daß dieselbe Person gemeint ist. Ziehen wir nun die Angaben von 2 Kö 14,25 – 29 mit heran, so ergibt sich folgendes Bild:

Jona stammt als Sohn eines Amittai aus Gath ha-Chepher in Galiläa. Nach Josua 19,13 gehörte der kleine Ort zum Stammesgebiet Sebulons[74]. Er liegt halbwegs zwischen dem See Genezareth und dem Karmel im Bergland Untergaliläas und heißt heute Chirbet ez-zerra. Nazareth ist südwestlich nur etwa 5 km entfernt. Auch Kana ist in der Nähe (heute Kafr Kenna, 2 km nordwestlich). Jesus wuchs also ganz in der Nähe der Heimat Jonas auf. In der Nachbarschaft, bei El-Meschhed oder Maschhad, zeigt man dem Besucher das Jonagrab[75].

Da Jona dem König Jerobeam II. dessen Eroberungen voraussagte[a], fällt sein erstes Auftreten wohl in den Beginn von Jerobeams Regierungszeit (Jerobeam regiert seit 788 v. Chr.). Nichts spricht dafür, daß Jona Priester gewesen ist. Dagegen war er nach dem zweiten Königsbuch »Prophet« (hebr. nabi), sehr wahrscheinlich von Beruf. Letzteres ergibt sich aus dem Vergleich mit Amos, der in 7,14 sagt: »Ich bin kein Prophet (nabi) noch ein Prophetenjünger, sondern ich bin ein Hirt, der Maulbeeren züchtet«. Ist Jona berufsmäßig Prophet gewesen, dann muß er in einer Prophetenschule gelernt haben. Solche Prophetenschulen gab es insbesondere zur Zeit Elias und Elisas[b]. Die Vermutung[76], Jona stamme aus der Tradition der Propheten-

[a] 2Kö 14,25
[b] 2Kö 2,5ff; 4,1ff 4,38ff; 5,20ff; 6,1ff; 6,15ff; 9,1ff

[74] Vgl. Billerbeck I S. 642; Riessler sieht fälschlich in Jona einen »Jonier« (Griechen).
[75] Ein Jonagrab zeigt man auch in Ninive und an mehreren Plätzen Palästinas, vgl. Abel S. 175 ff; Bentzen S. 144; Kleinert S. 13; Kopp S. 17 ff.
[76] Vgl. Delitzsch S. 113; Ewald S. 235; Volck S. 339.

schule des Elisa, hat deshalb manches für sich. Jedenfalls muß er etwas älter gewesen sein als die anderen Schriftpropheten Amos, Hosea, Jesaja und Micha. Gegenüber letzteren, die mit Ausnahme Hoseas (?) lauter Judäer gewesen sind, erscheint er wie einer der letzten hervorragenden Vertreter der nordisraelitischen geschulten Prophetie.

Jona ist der einzige Prophet, den die biblischen Bücher aus den glanzvollen Jahren Jerobeams erwähnen. Demnach muß er eine wichtige Gestalt jener Epoche gewesen sein. Gunkel nennt ihn »einen der bedeutendsten prophetischen Führer Israels aus der Zeit Jerobeams II.« (Sp. 369)[77]. Aus 2 Kö 14 klingt noch deutlich heraus, daß Jerobeam seine Regierung unter unsicheren Zuständen antrat. Er wäre sonst nicht ein »Heiland« Israels genannt worden (das hebr. Wort für »errettete« in 2 Kö 14,23 hat dieselbe Wurzel wie Jeschua, Jesus = Retter). Es muß viel bedeutet haben, daß gerade in diesem unsicheren Beginn durch Jona göttliche Verheißungen ausgesprochen wurden und diese Verheißungen auch in Erfüllung gingen. Daß Jona damals aber Heilsprophet war, darf nicht zu dem Mißverständnis mancher Forscher führen, die Jona als »intensiven Nationalisten« kennzeichnen, der im Gegensatz zu den Unheilsverkündigungen seiner Zeitgenossen Amos und Hosea gestanden habe[78]. Denn von Jona wissen wir aus seiner Anfangszeit nur, daß er auftrags- und wahrheitsgemäß Gottes Wort verkündigt hat[c]. Von daher läßt sich die von Jona verkündigte Heilszeit unter Jerobeam II. zugleich als letzte Gnadenfrist für Israel begreifen, die von Israel leider nicht genutzt wurde. In der erstaunlich kurzen Spanne von 27 Jahren nach Jerobeams Tod ereignet sich der vollkommene Zusammenbruch. Israel wird weggeführt und verschwindet als Staat, die Assyrer siedeln Fremde mit fremdem Glauben an, um die ehemalige Hauptstadt Samaria entsteht die Mischbevölkerung der Samaritaner. Des Amos Worte erfüllen sich, wie Jonas Worte sich erfüllt hatten.

[c] 2Kö 14,25 4Mo 12,7 5Mo 18,21f

Jona kann die innere Entwicklung unter Jerobeam ebensowenig verborgen geblieben sein wie Amos. Er, der zuvor Israels Rettung vor den äußeren Feinden prophezeien durfte, mußte jetzt ein Augenzeuge jener Gewalttaten, Prunksucht, Gesetzesübertretungen und Götzendienerei werden, die uns Amos und andere schildern. Würde Israels Gott das abtrünnige Volk nicht strafen? Würde Gott sich ihm noch

[77] Vgl. Crüsemann S. 59 ff; Wolff Studien S. 73 schreibt, Jonas Name sei nur nach Hosea 7,11 (»Taube«) gewählt als Ausdruck »für sein flatterhaftes Wesen«, wozu der biblische Text keinen Anhalt gibt.

[78] So Mac Lean S. 842 und ähnlich Wolff Studien S. 15.

einmal offenbaren – und wie lautete sein künftiges Wort? In diese Situation hinein ergeht die Anrede des Herrn an Jona.

Die Einleitungsform **»Und es erging das Wort Jahwes an«** ist typisch für die Übermittlung des göttlichen Willens an einen Propheten[79]. In welcher Weise Gottes Wort zu Jona kam, bleibt hier ungesagt. Man kann in dieser Beziehung überhaupt eine auffallende Zurückhaltung der Schriftzeugen beobachten, die sich nüchtern auf das Entscheidende konzentrieren, ohne der Neugierde unnötigen Stoff zu liefern.

Offenbar hat aber Jona schon zuvor Aufträge erhalten. Denn sonst wäre wie bei andern Propheten eine Berufung oder mindestens eine ausführlichere Einleitung erzählt (vgl. Jes 6; Jer 1,4 ff; Hes 2,1 ff; Hos 1,1 f; Am 1,1; Ob 1,1; Mi 1,1).

Mit zwei unverbundenen, aufrüttelnden Befehlsformen setzt die 2
Anrede Gottes ein: **»Mache dich auf! Geh!«** Schon dieser Einsatz (vgl.
den Ruf an Abraham[d]) läßt erahnen, daß Jona aus den bisherigen [d] 1Mo 12,1
Verhältnissen herausgerufen wird und der Herr einen neuen Weg einschlägt. Sofort benennt die gewiesene Adresse das Ungewöhnliche: **»nach Ninive, der großen Stadt.«** Die Bezeichnung »die große Stadt« erinnert einerseits an 1 Mose 10,12, wo Ninive mit Rehoboth-Ir, Kalach und Resen zusammen so genannt wird, und zwar als Gründung des gewaltigen Nimrod (vgl. später die Erklärung zu Jona 3,3). Anderseits scheinen die Assyrer die Stadt selbst so genannt zu haben. Denn die Ausgrabungen führen zu dem Schluß, »daß Ninive unter mehreren berühmten Städten (Assyriens) den ersten Platz einnahm« (Parrot S. 121), und die Assyrer liebten solche Wendungen wie »der *große* König«, »die *großen* Götter«, »der *große* Herr« usw. Wir können Ninive gewissermaßen als den Repräsentanten Assyriens ansehen. Daß Gott hier ebenfalls »Großes« vorhat, zeigt die Aufnahme der »großen Stadt« in seinen Befehl.

Was Jona dort tun soll, wird zwar angedeutet, bleibt aber zugleich geheimnisvoll offen: **»Rufe über sie! Denn ihre Bosheit ist vor mich aufgestiegen.«** Auch die Sünden Sodoms und Gomorras sind nach 1 Mo 18,21 »vor mich gekommen«. Es handelt sich also um eine Gerichtspredigt, die Jona aufgetragen wird. Doch Näheres wird nicht gesagt. Ebenso bleibt verborgen, wie Assyrien darauf reagieren wird! So führt der Auftrag Gottes den Jona zunächst ins Ungewisse. Nur eins ist klar: Gott hat mit Israel und Assyrien neue Pläne! Und das war in Anbetracht der Sünden Israels etwas äußerst Beunruhi-

[79] Vgl. z. B. 1 Kö 17,2; 18,1; 21,17 (Elia); 2 Kö 20,4; Jes 38,4 (Jesaja); Jer 1,4.11.13; 2,1 usw. (Jeremia); Hes 1,3; 6,1; 7,1 u. ö. (Hesekiel).

gendes für den Propheten. Darum forderte der ungewöhnliche Befehl auch ungewöhnlichen Glauben. Wir stoßen hier auf die geheimnisvolle Führung Gottes, die er seinen Knechten zuteil werden läßt und die ein anderer Prophet in die Worte faßt: »Meine Gedanken sind nicht eure Gedanken, und eure Wege sind nicht meine Wege« (Jes 55,8). Es liegt nur zu nahe, daß wir in solchen Situationen Glauben und Gehorsam verweigern, wie es auch Jona im Folgenden tut.

2. Jonas Weigerung und Flucht, 1,3

3 Aber Jona machte sich auf, um zu fliehen von Jahwes Angesicht weg nach Tarsis, und er stieg hinab nach Japho und fand ein Schiff, das nach Tarsis abging, und zahlte die Fahrtkosten und stieg hinab ins Schiff, um mit ihnen nach Tarsis zu reisen, von Jahwes Angesicht weg.

3 Das erste Wort **»Aber machte sich auf«** (im Hebr. nur 1 Wort) entspricht ganz genau dem ersten Teil des Befehls »Mache dich auf!« (wieder im Hebr. 1 Wort). Aber statt nach Ninive geht der Aufbruch Jonas genau in die entgegengesetzte Richtung: nach Westen, **»nach Tarsis«**. Für den Hebräer war Tarsis der letzte bekannte Punkt des Westens (s. unten den Exkurs).

Kürzer hätte man die Abkehr Jonas vom Befehl Gottes nicht beschreiben können. Die Kargheit des biblischen Berichts sagt uns nichts über die näheren Umstände, ob Jona reiflich überlegte oder panikartig floh, wie es ihm auf der Reise nach Japho erging, nichts über Gespräche, Gebete oder Selbstgespräche. Zuweilen verzichtet die Bibel auf Psychologie, um desto schärfer das Ergebnis, auf das es ankommt, zu beleuchten[a]. Vielleicht hat Jona viele wertvolle Gedanken über Gott gehabt (s. Kap. 4,2!). Wir verstehen ihn auch nur zu gut. Für den Bericht jedoch kommt letztlich alles auf das Endergebnis an: Jona gehorcht nicht. Das soll freilich nicht heißen, daß Gott unsere Beweggründe verachtet. In Mt 5 und 6 u. ö. sind sehr wohl die Gedanken unseres Herzens von Gewicht. Vielleicht läßt es sich so ausdrükken: Gott will uns ganz auf seiner Linie haben mit Denken und Tun, mit »Wollen und Vollbringen«[b]. Wo eins fehlt, da gerät der Mensch in Trennung von Gott, in Sünde, wie es uns hier vor Augen tritt.

[a] 1Mo 22,3 Lk 15,12
[b] Phil 2,13

Wie kann ein Prophet es für möglich halten, **»zu fliehen von Jahwes Angesicht weg«**? Ist die Gegenwart im Tempel des Herrn gemeint? Aber Jona lebte ja nicht in Jerusalem. Rechnet er damit, daß der Herr außerhalb Israels keine Aufträge mehr erteilt? Doch dann hätten ihn die Beispiele eines Mose, Josua, Elia, Elisa eines Besseren belehrt.

Auch Ps 139,7 ff weiß, daß Gott selbst »am äußersten Meer« die Seinen führt. Darum spricht die Wahrscheinlichkeit für die Annahme, daß Jona sich von Gott überhaupt trennen will (vgl. 1 Mose 3,8: Adam versteckte sich »vor dem Angesicht Gottes«), indem er aus Israel auswandert[80].

Der Grund für Jonas Flucht kann nicht darin gelegen haben, daß der Auftrag ihn ins Ausland, und zwar ins feindliche Ausland führte. Wir sahen ja oben in Abschnitt I B, wie sowohl Elia als auch Elisa, die zunächst vergleichbaren Propheten, von Gott über Israel hinausgesandt wurden: Elia nach Zarpath in Phönizien und nach Syrien, Elisa nach Damaskus in Syrien[c]. Gerade mit Elisas Mission berührt sich Jona sehr eng: auch Elisa muß zum Erzfeind; auch sein Kommen bringt Syrien Heil von Gott; auch Benhadad und Hasael beugen sich unter die Autorität seines Wortes wie später Ninive; auch Elisa ist betrübt, weil er weiß, daß die Erhöhung des Feindes für Israel Verstoßung und Entsetzen zur Folge hat; auch Elisa stammt aus Israel.

[c] 1Kö 17,18ff; 19,15; 2Kö 8,7ff

Vielmehr wird der Grund für die Flucht aus einem Vergleich von Jona 1,3 und 4,2 sichtbar. Nach 4,2 fürchtete Jona schon beim ersten Reden des Herrn in 1,1–2, daß dieser in seiner Barmherzigkeit Ninive und d. h. Assyrien vergeben und Gnade erweisen könne, wenn es auf die Gerichtspredigt hin umkehrt. Damit aber erhielt seine Sendung einen für Israel furchterweckenden Aspekt: Denn Gnade für das feindliche Assyrien konnte nur bedeuten, daß Israel von neuem und noch stärker unter Assyrien leiden mußte! Politisch gesehen kehrte sich Jonas Mission dann gegen sein eigenes Volk. Und warum sandte ihn Gott nicht zu Israel? Bedeutete die Sendung nach Ninive nicht schon, daß Gott sich gegen Israel stellte? Nachdem Jona früher an Jerobeam II. die Zusage von Gottes rettendem Eingreifen gemacht hatte, muß jetzt Gottes Hinwendung zu Ninive für ihn der Sturz in furchtbare Dunkelheit sein. Vielleicht spielt bei seiner Weigerung noch eine zweite Begründung mit. Die bisherige Berührung Israels mit Assyrien konnte in den Israeliten die Überzeugung bestärken, daß die heidnischen Völker gottlos seien (vgl. zu den Assyrern oben I B). Der Gedanke einer evtl. Umkehr der Assyrer, ja einer langmütigen Verzeihung Gottes ihnen gegenüber, war für einen Israeliten schwer zu ertragen. Versetzen wir uns in Jonas und Israels Lage, dann spüren wir, wieviel näher eine menschliche Reaktion z. B. nach Ps 9 liegt: »Die Gottlosen sollen zu den Toten fahren, alle Heiden, die Gott vergessen! Herr, steh auf, daß nicht Menschen die Oberhand gewinnen: laß alle Heiden vor dir gerichtet werden!« Wer weiß, ob schließ-

[80] So auch Luther S. 197; vgl. weiter Feuillet I S. 175; Goitein S. 67; Keil S. 284; Pusey S. 247; Wade S. 123.

lich nicht auch persönliche Furcht vor den als grausam berüchtigten Assyrern bei Jonas Ungehorsam mitwirkte?
Vom NT her müssen wir urteilen, daß Elia, Elisa und Jona mit ihrer Sendung an die Völker außerhalb Israels keine biblischen Ausnahmen sind, sondern auf sehr verborgene Weise Gottes weltumfassende Botschaft in Jesus, dem »zuletzt Gesandten«[d], vorschatten[81].

[d] Mk 12,6 Hbr 1,2

Zweimal hieß es in unserem Vers, **»er stieg hinab«**. Das erste Mal drückt es die geographische Situation aus. Vom Bergland Galiläas mußte man zur Hafenstadt am Meer eben »hinabsteigen«. Das zweite Mal beschreibt es, wie Jona vom Schiffsdeck ins Schiffsinnere sich zurückzieht. Aber über die äußere Beschreibung hinaus trägt der Ausdruck einen symbolischen Sinn. So wie wir bildlich von einem Menschen sagen, er sei »heruntergekommen«, so ist das hebr. »hinabsteigen« durchsichtig für den inneren Fall des Propheten. Entfernung von Gott ist Abstieg. Jona verkriecht sich im äußersten Winkel des Schiffes, im Grunde auf derselben Flucht wie Adam im Garten Eden. Wird Gott seinen Knecht aufgeben?[82]

Exkurs: ZU JAPHO

Im NT wird die Stadt Joppe genannt[a]. Sie liegt in der Luftlinie ca. 55 km nordwestlich von Jerusalem. Im 15. Jhd. v. Chr. wird sie in ägyptischen Quellen erstmals erwähnt, dann Philisterstadt, obwohl sie nach Jos 19,46 eigentlich dem Stamme Dan zufallen sollte, der aber bald von den Philistern in den Norden Israels abgedrängt wurde. Das Holz zu Salomos Tempelbau und auch andere Güter für Jerusalem wurden über Japho eingeführt[b]. Es befand sich unter den Städten, die der Assyrerkönig Sanherib 701 v. Chr. eroberte, und gehörte damals offensichtlich zum Philisterstaat Askalon. Vermutlich war Japho auch zur Zeit Jonas philistäisch. Doch dürften die Philister dem mächtigen Israel damals kaum den Verkehr über ihre Stadt verweigert haben. In der Makkabäerzeit wird Japho erstmals jüdisch besiedelt[c] und bildet heute als Jaffa die zweitgrößte israelische Hafenstadt[82a].

[a] Apg 9,36ff; 9,43ff
[b] 2Chro 2,15
[c] 1Makk 10,74ff

[81] Vgl. Aalders S. 61 ff; Delitzsch S. 114 und 124.
[82] Den Vergleich mit dem ungehorsamen Propheten, den Cheyne Sp. 2565 zieht (vgl. 1 Kö 13,11 ff) möchten wir vermeiden, weil Jona nicht äußerem Genuß nachgab und nicht auf einen falschen Lehrer hereinfiel. Eher ist ein Vergleich Jonas mit Mose am Dornbusch und Jeremia möglich.
[82a] Vgl. hierzu Gold; Wolff Studien S. 12,1.

Exkurs: ZUR SCHIFFAHRT NACH TARSIS

Obwohl die Stadt im AT oft erwähnt wird, streiten sich die Gelehrten über ihre Lage. Selbst der paulinische Geburtsort Tarsus wurde schon für das at. Tarsis gehalten. Die überwiegende Meinung und die besseren Gründe sprechen jedoch dafür, Tarsis (hebr. Tharschisch, griech. Tartessos) in Südwestspanien zwischen den Mündungsarmen des Guadalquivir zu suchen. Die ältesten Zeugnisse von der Stadt sind die Berichte von sog. »Tarsisschiffen«, die Salomo zusammen mit König Hiram von Tyrus auf dem Meer unterhielt und die dann auch Josaphat bauen ließ[a]. Auch Jesaja kennt – kurz nach Jona – solche Tarsisschiffe[b]. Nach Jeremia und Hesekiel holte man von dort Silber, Eisen, Zinn und Blei, d. h. typisch spanische Metalle. Ps 72,10 und Jes 66,19 kennen Tarsis als ein fernes Land. Die biblischen Angaben werden durch archäologische und literarische Zeugnisse gestützt und ergänzt. Spätestens seit dem 8. Jhd. v. Chr., d. h. also seit der Zeit Jonas, ist phönizischer Einfluß im südl. und südwestl. Spanien feststellbar[82b]. Offenbar wurde Tarsis abhängig vom phönizischen Tyrus. Jedenfalls erwähnt eine Inschrift des assyrischen Königs Asarhaddon (680–668 v. Chr.) »Alle Könige, die mitten im Meere wohnen, von Zypern und Jawan (Griechenland) bis nach Tarsis«, die sich ihm unterwarfen. Doch konnte sich Tarsis wieder von der tyrischen Herrschaft befreien, als Tyrus von den Assyrern bedroht wurde (ca. 700 v. Chr.). Von da an treten im Handel mit Tarsis immer mehr die Griechen an die Stelle der Phönizier[82c]. Um 500 v. Chr. wurde Tarsis dann von einem phönizischen Tochterstaat, Karthago, erobert. Über fünf Jahrhunderte hinweg kamen also von Tarsis lebenswichtige Metalle nach Phönizien und Palästina. Das geschah in solchem Umfang, daß die Tyrer nach griechischen Quellen ihre bleiernen Anker durch silberne ersetzten. Nahe Tarsis fand man im Hafen Huelva ca. 400 bronzene Gegenstände, datiert ca. 1100 v. Chr., vielleicht die Fracht eines nach Tarsis bestimmten Handelsschiffes[82d]. Nach Donald B. Harden besaßen die Phönizier zwei Haupttypen von Hochseeschiffen: ein »Rundschiff« und ein »Langschiff«. Letzteres hatte 2 Ruderbänke übereinander, ein Deck, auf dem Kriegsschilde hingen, einen zentralen Mast mit Segel, und es konnte sowohl durch die Ruder wie durch Segel vorwärtsbewegt werden. Harden vermutet, daß dieser letztere

[a] 1Kö 10,22; 22,49
[b] Jes 2,16; 23,1.6

[82b] Albright BASOR S. 22 nimmt das 10. Jhd. v. Chr. an.
[82c] Auch von daher ist es wenig wahrscheinlich, daß Jona nach dem Exil verfaßt sein soll.
[82d] Schulten Sp. 2446.

Typ die sog. »Tarsisschiffe« darstellte[82e]. Jedenfalls heißen in der Bibel alle für weite Hochseefahrten gebauten Schiffe »Tarsisschiffe«, auch solche, die von Ophir (also nicht Spanien!) Gold, Silber, Elfenbein, Affen und Pfauen brachten[c]. Sehr wahrscheinlich bestieg Jona in Japho ein solches Hochseeschiff ins ferne Spanien. Mit Phöniziern war eine sprachliche Verständigung leicht möglich[82f].

[c] 1Kö 10,22; 22,49

3. Gott führt in die äußerste Not, 1,4–12

4 **Aber Jahwe warf einen großen Wind auf das Meer, so daß ein gro-**
ßer Sturm auf dem Meer entstand und das Schiff zu zerbrechen
5 **drohte. * Und die Schiffsleute fürchteten sich und schrieen, ein**
jeder zu seinem Gott und warfen die Geräte, die im Schiff waren,
ins Meer, um sich Erleichterung zu verschaffen. Aber Jona war
6 **hinabgestiegen ins Schiffsinnere und lag in tiefem Schlaf. * Da**
suchte ihn der Schiffskapitän auf und sagte zu ihm: »Was ist mit
dir, du Schläfer? Erhebe dich! Rufe zu deinem Gott! Vielleicht ge-
7 **denkt der Gott an uns, so daß wir nicht zugrunde gehen!« * Und**
sie sagten zueinander: »Geht und laßt uns Lose werfen, damit wir
erfahren, wer daran schuld ist, daß uns dieses Unglück trifft.« Da
8 **warfen sie Lose, und das Los fiel auf Jona. * Da sagten sie zu ihm:**
»Laß uns doch erfahren, wer die Ursache dieses Unglücks ist, das
uns trifft! Was ist dein Beruf? Und woher kommst du? Was ist
9 **dein Land? Und aus welchem Volk bist du?« * Und er sagte zu ih-**
nen: »Ein Hebräer bin ich, und Jahwe, den Gott des Himmels,
10 **fürchte ich, der das Meer und das Festland gemacht hat.« * Da**
ergriff die Männer eine große Furcht, und sie sagten zu ihm:
»Warum hast du das getan?« Denn die Männer wußten, daß er
von dem Angesicht Jahwes weg auf der Flucht war, weil er es ih-
11 **nen mitgeteilt hatte. * Und sie sagten zu ihm: »Was sollen wir mit**
dir tun, damit das Meer uns in Ruhe läßt?« Denn das Meer ging
12 **immer stürmischer. * Da sagte er zu ihnen: »Nehmt mich und**
werft mich ins Meer, dann wird das Meer euch in Ruhe lassen.
Denn ich weiß, daß ich daran schuld bin, daß dieser große Sturm
gegen euch losbrach.«

[82e] Harden S. 169; Albright BASOR S. 22 sieht in den Tarsisschiffen »Schiffe, die Metall transportierten«.

[82f] Zu Tarsis vgl. Bach; Feuillet III S. 127; Gordon; Harden S. 64; 160; 169; Schulten; Stollberg S. 15 f; Wade S. 122; Wolff Studien S. 51 f; Zimmerli S. 652.

Gleich der erste Satz: »**Aber Jahwe warf einen großen Wind auf** 4
das Meer« offenbart, daß alles Folgende nach Gottes Plan und Willen geschieht. Als souveräner Gott bedient er sich der Lebewesen und der Naturgewalten in seiner Schöpfung. Die Bibel kennt keine von Gott getrennten und neutral mechanisch ablaufenden Vorgänge in der Natur. Vielmehr erfüllt die Natur die beiden großen Aufgaben, Gott zu bezeugen und Gott zu dienen[a]. Speziell die Winde erhalten in Ps 104,4 den Namen »Engel« (Luthertext: Boten) und entspr. sagt Hebr 1,7: »Er macht seine Engel zu Winden.« Wo wir von natürlichen Prozessen mit ihren »Naturgesetzen« reden, sieht die Bibel persönliche Willensmächte am Wirken. So kommt hier der Sturmwind als ein Diener Gottes, um dem Fluchtweg Jonas einen Riegel vorzuschieben.

Nach der knappen, packenden Erzählung steigt das Maß der Not 5
von Satz zu Satz. Die erfahrenen Schiffsleute, die sicher schon manchen Sturm erlebten, »**fürchteten sich und schrieen, ein jeder zu seinem Gott**«. Diese Schiffsleute waren Matrosen aus allerlei Völkern[b]. Jetzt, in der Bedrängnis, ruft jeder seinen heimatlichen Gott an. Kriege, Katastrophen und die Stürme des Lebens legen die Zerbrechlichkeit unserer Existenz bloß und lassen auch den scheinbar selbstherrlichen Menschen nach einem Halt suchen. Aus solcher Erfahrung leitet sich unser Sprichwort ab: »Not lehrt beten«, neben das man allerdings auch die andere Wahrheit stellen muß: Not lehrt Verbitterung, manchmal Fluchen.

Das Überbordwerfen eines Teils der Schiffsausrüstung (»**Geräte**«, der Luthertext hat ungenau »Ladung«, vgl. Apg 27,19) soll das Schiff leichter machen, um es besser über Wasser zu halten. Das Opfer an Gut, um das Leben zu retten, ist ein Maßstab für die Einschätzung der Not.

Bisher hatte das Gebet zu den verschiedenen Göttern keinen Erfolg. 6
Da erinnert man sich des Passagiers (oder sind es mehrere, die deshalb im Bericht übergangen werden, weil es hier allein auf Jona ankommt?): »**Da suchte ihn der Schiffskapitän auf**«. Erstaunlicherweise fand er Jona »**in tiefem Schlaf**«. Nichts könnte deutlicher machen, daß Jona Abschied nehmen will von seinem alten Leben. Ja, der Schlaf ist hier ein Sinnbild für den Abbruch seiner Beziehungen zu Gott. Die Stelle hat ihre nächste biblische Parallele in der Erzählung von Elia, der sich unter den Wacholder legt mit dem Wunsch, zu sterben[c]. So weist auch der tiefe Schlaf Jonas schon voraus auf den Todeswunsch in V. 12. Es ist der Schlaf tiefer seelischer Erschöpfung und Ermattung, der von diesem Leben nichts mehr erwartet. Wer vor Gott flieht, flieht das Leben. Wie anders war der im Herrn geborgene Schlaf des Petrus im Gefängnis[d]!

Wir können im **Schiffskapitän** (es ist nicht der Schiffseigentümer,

[a] 1Mo 1,2; Hio; Ps 104; Jes 40,12ff; Rö 1,19f; 4,17; 11,33ff; Hbr 1,7; Offb 21,5
[b] Hes 27,8ff
[c] 1Kö 19,4
[d] Apg 12,6

der Luthertext ist in dieser Hinsicht wieder mißverständlich) ebenfalls einen Boten Gottes sehen. Es wirkt ja sehr eigenartig, daß der heidnische, sonst vielleicht sehr harte Kapitän den Israeliten und Propheten zum Gebet mahnen muß. Gottes Knechte werden aber des öfteren durch solche fremden Mahner beschämt. Manche Nichtisraeliten haben geradezu eine wichtige Rolle für das Werden und Leben Israels gespielt. Man denke an Melchisedek[e], Jethro[f], Bileam[g], Ebed-Melech[h]. Oetinger, einer der tiefsten geistlichen Väter Württembergs, spricht von der »Weisheit auf der Gasse«, die Werkzeug unserer göttlichen Führung werden kann. Allerdings darf man nicht dem Trugschluß verfallen, als ob Gott sich außerhalb der Gemeinde des AT und NT zusätzlich offenbare, so daß man solche Ergänzungen außerhalb der Bibel zur vollen Offenbarung brauche. Solche fremden Mahner können uns nur auf Gott und sein Wort hinweisen, nicht neben seinem Wort selbständige Weisung geben.

[e] 1Mo 14,17ff
[f] 2Mo 18,13ff
[g] 4Mo 22–24
[h] Jer 38,7ff

In diesem Sinn war der Schiffskapitän ein echter Bote, indem er Jona auf seinen Herrn hinwies: **»Was ist mit dir, du Schläfer? Erhebe dich! Rufe zu deinem Gott! Vielleicht gedenkt der Gott an uns, so daß wir nicht zugrunde gehen!«** Seine Worte drücken die Empörung über den unnatürlichen Umstand aus, daß jemand in solchem Sturm schläft und die Mitbetroffenen in der Not allein läßt. Aber spiegeln sie nicht auch das geistlich Unnatürliche, daß ein Prophet auf der Flucht vor Gott ist? Die Aufforderung **»Erhebe dich!«** lautet im Hebr. gleich wie das erste Wort Jahwes an Jona »Mache dich auf!« (V. 2) und muß den Propheten schmerzhaft daran erinnern, daß er falsch handelt. Die Überlegung, daß Gott auf seine Anrufung sich erbarmen kann, erinnert überdies an den königlichen Befehl in Ninive (3,8 f).

Anderseits enthüllen die Worte des Kapitäns ein typisch heidnisches Denken. Wie die Athener »Dem unbekannten Gott« einen Altar errichteten[i], so geht der Kapitän davon aus, daß der »zuständige« Gott im Gebet noch nicht erreicht wurde. Vielleicht füllt der Gott Jonas diese Lücke? Es ist allgemein heidnische Anschauung, daß in einer bestimmten Not oder Stunde irgendein bestimmter Gott aus den vielen Göttern der Völker der rechte Helfer werden kann. Indem es mit einer solchen Götter-Vielfalt rechnet, ist das Heidentum viel toleranter als Israel und die Gemeinde Jesu, die mit einem Gott und mit diesem in allem rechnen.

[i] Apg 17,23

7 Ob Jona gebetet hat, wird nicht gesagt. Jedenfalls läßt der Sturm nicht nach. Da setzt sich in der Besatzung der Gedanke fest, es müsse eine Schuld auf einem liegen, der auf dem Schiffe sei: **»Geht und laßt uns Lose werfen, damit wir erfahren, wer daran schuld ist, daß uns dieses Unglück trifft.«** Auch das war weitverbreitete Anschauung. Man stellte sich vor, daß die Rache eines Gottes, oft »Schicksal« ge-

nannt, den Schuldigen bis ans Ende der Welt verfolge, um ihn schließlich zugrunde zu richten. Ähnlich sagen die Leute auf Malta, als Paulus, soeben dem Meer entronnen, von einer Giftschlange gebissen wird: »Dieser Mensch muß ein Mörder sein, welchen die Rache nicht
leben läßt.«[k] Auch das Judentum war von dem Glauben beeinflußt, [k] Apg 28,4
daß Elend auf Schuld beruhen müsse. So fragen die Jünger beim Er- [l] Jo 9,2 [m] Jo 9,3
blicken des Blindgeborenen den Herrn: »Meister, wer hat gesündigt, [n] Hbr 5,8
dieser oder seine Eltern, daß er ist blind geboren?«[l] In dieser Ge- Mt 10,22.38
meinsamkeit von Heiden und Juden kommt ein menschliches Urbewußtsein zum Durchbruch, das von der Sünde des Menschen gegen Gott weiß. Nun hängen Schuld und Elend in vielen Fällen tatsächlich zusammen. Daß der Sturm ohne Jonas Verschuldung nicht losgebrochen wäre, wird aus unserem Kapitel klar. Aber ein Gesetz ist das nicht. Jesu Gemeinde lernt von ihrem Herrn, daß es Leiden zur Ehre Gottes gibt[m] und daß Leiden sowohl eine göttliche Erziehung als auch ein Zeichen der Nachfolge Jesu darstellen kann[n].

»Da warfen sie Lose, und das Los fiel auf Jona«. Trotz Aufregung und Lebensangst entscheidet die Besatzung nicht auf Verdacht. Sie nimmt vielmehr Zuflucht zu einem Gottesurteil in Gestalt des Loses. Der Loswurf wurde im Orient, bei den Griechen, den Germanen und in vielen Teilen der Welt geübt, ja wird bis heute bei Wahlen u. ä. be-
nutzt. Sieht man nur auf den äußeren Vorgang, dann reiht sich Israel [o] Jos 7,10ff
in diesen Gebrauch ein, wenn es den Dieb oder den künftigen König 1Sam 10,17ff
durch Los ermittelt[o]. Dennoch bleibt ein Unterschied zwischen Israel [p] Spr 16,33 Jes 44,9ff
und den Völkern, weil Israel den Gott entscheiden läßt, den es in der Ps 115; 135
Offenbarung seines Wortes und in der Führung des Volkes geschichtlich als den lebendigen und redenden Gott erfahren hat[p]. Bemerkenswerterweise hört in der Bibel der Loswurf nach Pfingsten auf (letzter Loswurf in Apg 1,26). Seither leitet der heilige Geist die Gemeinde.

Gott neigt sich immer wieder in die menschliche Unvollkommenheit herab. Es gehört geradezu zur Größe Gottes, auch inmitten heidnischer Befangenheit und menschlicher Begrenzung seinen Willen denen deutlich zu machen, die ihn ernstlich suchen. So leitet er die
Magier zur Krippe[q], so antwortet er der heidnischen Besatzung des [q] Mt 2,1ff
Schiffes, indem er Jona als den Schuldigen entdeckt.

Das Gerechtigkeitsempfinden der Schiffsleute äußert sich darin ein 8
weiteres Mal, daß Jona nicht sogleich beseitigt, sondern zuerst verhört wird: **»Laß uns doch erfahren, wer die Ursache dieses Unglücks ist, das uns trifft! Was ist dein Beruf? Und woher kommst du? Was ist dein Land? Und aus welchem Volk bist du?«**

Jona gibt ihnen eine umfassende Antwort. Es ist jedoch eine typi- 9/10
sche Eigenart hebräischer Erzählweise, daß dies erst nachträglich

(V. 10) deutlich wird: **»weil er es ihnen mitgeteilt hatte«**. Die Wissenschaft bezeichnet diese Eigenart als »nachholenden Stil«. Der Hebräer will oft das Hervorstechende einer Aussage oder das, was sich im Fluß der Erzählung gut anschließt, unterstreichen und setzt dann die betreffende Aussage an die Spitze. So legt der Bericht auf die eine Aussage besonderes Gewicht: **»Ein Hebräer bin ich, und Jahwe, den Gott des Himmels, fürchte ich, der das Meer und das Festland gemacht hat.«** Die Auskunft **»Ein Hebräer bin ich«** erinnert an das uralte israelitische Glaubensbekenntnis in 5 Mo 26,5, auf das Paulus noch mit Achtung in Phil 3,5 zurückgreift. Hier drückt sich das Erwähltsein Israels aus, und zwar verbunden mit der anderen, in 5 Mo 6,24 erscheinenden Bekenntnisformulierung **»Jahwe fürchte ich«**, die Israels Bundesverpflichtung enthält. Die Bezeichnung **»der Gott des Himmels«** ist seit der alten Abrahamstradition[r] im AT häufig. Es fällt auf, daß Abraham gerade seinem syrischen Knecht Elieser gegenüber diese Bezeichnung gebraucht. Später verwenden sie die Juden vor allem in der Beziehung mit Babyloniern und Persern[s]. Auch Jona verwendet sie im Gespräch mit der heidnischen Besatzung. Offenbar wollte man den Heiden durch diesen Gottesbegriff die Überlegenheit und Unvergleichlichkeit des Gottes Israels bezeugen. Dabei dachte der Hebräer selbstverständlich nicht an den höchsten unter mehreren Göttern, sondern an den einzigen Gott.

[r] 1Mo 24,3–7
[s] Da 2,28.37 Esr 1,2; 7,12 Neh 2,4

Vergleicht man diese hervorgehobene Aussage Jonas mit der Situation, in der sie gemacht wurde, dann rückt die Schuld des Propheten in ein grelles Licht. Ohne es ursprünglich zu wollen, unter dem Druck der Fragen, bezeugt er den machtvollen Gott Israels, den Schöpfer aller Welt, vor den Heiden. Es sind freilich nicht ninivitische Heiden, für die er aus Israel ausgesandt wurde, sondern phönizische und andere. Das alte und verbindliche Glaubensbekenntnis auf seinen Lippen und in seinem Gedächtnis und der verweigerte Gehorsam erscheinen in einem schier unbegreiflichen Gegensatz. Die Worte **»Jahwe fürchte ich«** geraten angesicht der im selben Zusammenhang eingestandenen Flucht beinahe in die Nähe der Heuchelei. Man muß allerdings dem Zusammenhang entnehmen, daß Jona selbst im Bewußtsein dessen, was das geschah, am meisten gelitten hat. Sein eigenes Glaubensbekenntnis mußte ihm zur furchtbaren Anklage werden.

11 Das Eingeständnis des hebräischen Propheten von seiner Schuld dem höchsten Gott gegenüber erhob die Vermutung der Schiffsleute zur Gewißheit, daß göttlicher Zorn das Toben des Sturmes erregte. Darum wächst die Furcht erst recht. Die Frage: **»Was sollen wir mit dir tun?«** zeigt sowohl ihre Verzweiflung wie ihr Bemühen, nicht selbst noch schuldig zu werden.

Jonas Antwort: **»Nehmt mich und werft mich ins Meer«** enthüllt 12
das Maß seiner eigenen Verzweiflung, die keine Chance für ein Weiterleben sieht. Hier redet nicht einer, der meint, durch Selbstmord seine Probleme lösen zu können. Vielmehr ist es wie bei Elias Todeswunsch in 1 Kö 19,4 seine Schuld vor Gott, die Lebenswillen und Lebensaussicht zermalmt: **»ich weiß, daß ich daran schuld bin«**. Jona ist sich dessen bewußt, daß der Sünder sein Leben verwirkt. »Der Tod ist der Sünde Sold« sagt uns noch das NT[t], und wir sehen die schreckliche Wirklichkeit und Wahrheit dieses Satzes am Kreuz, wo Jesus für unsere Sünden starb[83]. Ohne den Sühnetod Jesu müßten wir alle nicht nur dem leiblichen Sterben, sondern auch dem zweiten ewigen Tod verfallen.

[t] Rö 6,23

Wir sollten jedoch nicht übersehen, daß Jona eine Voraussage macht: **»dann** (wenn ich ins Meer geworfen bin) **wird das Meer euch in Ruhe lassen.«** Diese Voraussage hat sich erfüllt. Der Prophet hat richtig prophezeit. Dieser kleine Vorgang ist wie ein Licht im Dunkel seiner Umgebung. Man erahnt hier Gottes Treue, die trotz der Untreue des Knechtes ihm eine echte prophetische Erkenntnis beläßt. Es kündigt sich gewissermaßen die rettende Geduld Gottes an. Die Bibel enthält einige Beispiele, daß der Geist des Herrn seine Diener trotz schweren Verschuldens nicht sogleich verläßt. Eli kann Hanna noch tröstliche Verheißung übermitteln und dem jungen Samuel den Weg zum Gespräch mit Gott weisen[u]. Im NT weissagt Kaiphas im Prozeß gegen Jesus treffend, es sei besser, er sterbe für das Volk, als daß das ganze Volk verderbe: »Solches aber redete er nicht von sich selbst, sondern weil er desselben Jahres Hoherpriester war«[v]. Auch seelsorgerlich müssen wir unterscheiden zwischen einem »Betrüben« des heiligen Geistes[w], das Vergebung finden kann, und einer endgültigen, lange überlegten und festgehaltenen Sünde gegen den Heiligen Geist, die nicht vergeben wird[x].

[u] 1Sam 1,17; 3,8f
[v] Jo 11,50ff
[w] Eph 4,30
[x] Mt 12,31
Hbr 6,4–6

Schon in diesem Abschnitt des Jonabuches erkennen wir drei Grundmotive im Handeln Gottes: seine Treue, seine geduldige Liebe, seine Beharrlichkeit in der Durchführung seiner Pläne. Haben wir oben gefragt: Wird Gott seinen Knecht aufgeben?, so sehen wir jetzt deutlich, daß Gott den Jona nicht laufen läßt. Es ist nicht so leicht, sich von Gottes Hand zu lösen, wenn wir auch die schreckliche Freiheit besitzen, uns durch unseren Unglauben selbst zu richten. Wohl ist Gott auf Jona nicht angewiesen. Er könnte einen anderen als Boten nach Ninive schicken, wie er sich »aus Steinen Kinder erwecken«

[83] Jonas Aufforderung als »reinen Trotz« zu erklären (so Rudolph Festschrift S. 236, vgl. Stollberg S. 13), geht am Text mit seinem Schuldgeständnis vorbei. Das Richtige bei Luther S. 216 f und auch Kleinert S. 24.

[y] Mt 3,9
[z] Lk 19,10

kann[y]. Aber er will dem Verirrten bis zum Äußersten nachgehen, damit er nicht verloren geht. Seine Liebe ist die reine Form jener Liebe, die Paulus in 1 Kor 13 beschreibt. Jona ist sozusagen bereits ein Beispiel für jenen göttlichen Grundsatz aus Hes 34,16, der in Jesus persönliche Gestalt annimmt und in Jesu Wort offenbart wird: »Des Menschen Sohn ist gekommen, zu suchen und selig zu machen, was verloren ist«[z].

Aber noch ist Jona nicht soweit, daß er die Möglichkeit seiner Rettung und seines inneren Heilwerdens ergreifen könnte.

4. Jona wird ins Meer geworfen, 1,13–16

13 **Und die Männer stemmten sich in die Ruder, um ans Festland zu-**
rückzulenken. Aber sie konnten nicht. Denn das Meer ging immer
14 **stürmischer gegen sie. * Da riefen sie zu Jahwe und sagten: »Ach**
Jahwe! Laß uns doch nicht zu Grunde gehen wegen des Lebens
dieses Mannes! Und bring uns nicht unter die Last unschuldigen
Blutes! Denn du, Jahwe, hast gehandelt, wie es dir gefallen hat
15 (oder: **tust, wie es dir gefällt).« * Und sie nahmen Jona und war-**
16 **fen ihn ins Meer, und das Meer stand ab von seinem Zürnen. * Da**
ergriff die Männer eine große Furcht vor Jahwe, und sie opfer-
ten Schlachtopfer für Jahwe und gelobten Gelübde.

Eindrücklich malt uns der Bericht die Anstrengungen der Schiffsleute vor Augen, sich und Jona Rettung zu verschaffen. Die Ausleger haben oft betont, wie vorteilhaft die Heiden hier im Vergleich zu Jona
14 abschneiden[84]. Man kann ihnen auch nicht absprechen, daß in jener Situation wahre Furcht vor Gott zum Vorschein kommt. Sie rufen den Herrn mit seinem von Jona vernommenen Namen Jahwe an und breiten im Gebet ihre bewegende Not aus. Daß der Zorn der Götter gelegentlich das Opfer eines Menschenlebens fordert, war ihnen aus ihrer heidnischen Religion vertraut. Doch Jahwe ist ihnen bisher fremd gewesen, und sie wollen sich in keinem Fall **»unter die Last unschuldigen Blutes«** begeben. D. h. sie bitten Jahwe um Vergebung, falls Jona entgegen allen Aussagen seinerseits doch unschuldig sein sollte. Aber nach dem Loswurf, nach dem Geständnis und nach der weiteren Zunahme des Sturmes sehen sie keine andere Möglichkeit mehr, als Gottes Zorn durch Jonas Opfer abzuwenden.

[84] Cornill S. 168: »jene sind die wahrhaft Gläubigen«; ähnlich z. B. Rudolph Festschrift S. 234; Haller S. 19; Hirsch S. 50; v. Rad II S. 300; Robinson S. 118; Junker S. 110; Wolff Bibel S. 12 f.

Von einer Bekehrung der Schiffsleute zu Jahwe kann jedoch im ech- 16
ten Sinne keine Rede sein[85]. Israels Gott war ja in ihren Augen nur für diesen Sturm und nur für diese einmalige Rettung zuständig. Sie gaben ihm einen Platz in dem System ihrer vielen Götter, ohne doch dem Vielgötterglauben Abschied zu geben. Zwar lösten sie ihre **»Gelübde** ein und brachten – vermutlich erst auf dem Festland – Opfer dar. Aber ihre **»große Furcht«** entwickelte sich nicht zu der großen und ersten Liebe zu dem einzigen und lebendigen Gott. Wir hören ja auch nichts darüber, daß die Schiffsleute Glieder des glaubenden Israel geworden wären. Ähnlich beobachten wir in allen Zeiten der Kirche viele Menschen, die Furcht vor Gott erkennen lassen, die mit Achtung von Jesus sprechen und »christlich« reden und handeln können und doch im Sinne des NT keine Christen sind, weil sie nicht ihr ganzes Leben Jesus anvertraut haben.

In seiner lapidaren Kürze ist das Sätzchen **»Aber sie konnten nicht«** 13
ein großartiger Ausdruck für die Vergeblichkeit menschlichen Mühens. Wir erfassen seinen Sinn, wenn wir es mit der richtigen Erkenntnis der Schiffsleute verbinden: **»Denn du, Jahwe, hast gehandelt, wie es dir gefallen hat.«** Die Schiffsleute scheitern, weil sie mit ihrem Unterfangen, sich durch ihre Ruderkraft zu retten, dem Willen Gottes entgegenstreben. Wo dem Menschen das Nein Gottes entgegensteht, nützt ihm weder eigene Kraft noch eigene Klugheit. Hier wird der Bericht vom Sturm durchsichtig für das Verhältnis des Menschen zu Gott schlechthin. Unsere Weltgeschichte und Kirchengeschichte ist erfüllt von vergeblichen Versuchen, auf Wegen, die wir selbst bestimmen, und im Vertrauen auf eigene Kraft selbstgewählte Ziele zu erreichen. Gehört nicht auch Jonas Fluchtversuch unter diese Rubrik? Am Ende steht immer wieder das Ergebnis: **»Aber sie konnten nicht.«** Es sind Fehlwege. Der erschütterndste Fehlweg findet sich wohl dort, wo der Mensch sein Heil bei Gott im Vertrauen auf die eigene Kraft erringen will: durch moralische oder religiöse Verdienste, durch den Appell an sich selbst. Den Ausweg macht uns hier die Verheißung und Mahnung in 1 Pt 1,13 kenntlich: »Setzet eure Hoffnung ganz auf die Gnade, die euch dargeboten wird in der Offenbarung Jesu Christi.«

Bei genauerem Studium des kleinen Abschnitts fällt auf, daß V. 16 nicht lautet: »Da ergriff die Männer eine große Freude«, sondern gerade nach dem Ruhigwerden des Meeres noch einmal von ihrer **»großen Furcht«** die Rede ist. Wie ist das zu verstehen? Zunächst entdekken wir, daß von der Furcht Gottes im AT wie im NT sehr oft im Zu-

[85] Anders Haller S. 27 f; Schmidt ZAW S. 298; Wolff Bibel S. 13.29. Wie wir legen hier Junker S. 110; Wade S. 128; Zoller S. 51 f aus.

sammenhang mit dem erlebten Rettungswerk Gottes gesprochen wird. So heißt es nach dem Durchzug durchs Schilfmeer und dem Untergang des ägyptischen Heeres: »Und das Volk fürchtete den Herrn« (2 Mo 14,31). Der Bericht von der Stillung des Sturmes durch Jesus endet mit der Bemerkung: »Und sie furchteten sich sehr« (Mk 4,41). Vor allem bei der Offenbarung Gottes begegnet uns dann wieder der Zug der Furcht, so bei Mose am Dornbusch[a] und bei den Frauen am Grab[b]. Der Zugang zu diesem Sachverhalt erschließt sich, wenn wir an die persönliche Erfahrung denken, daß wir neben der Erkenntnis unserer Sünde dann am tiefsten erschrecken, wenn wir Gebetserhörungen erleben oder sonst dem unmittelbaren Wirken Gottes in unserem Leben begegnen. Wo Gott in seiner Macht und Liebe dem sündigen Menschen so unmittelbar sich offenbart, eröffnet sich eine Erkenntnis Gottes, die von Furcht vor diesem heiligen überlegenen Gott begleitet ist. Dem will der Jonabericht hier Ausdruck geben.

[a] 2Mo 3,6
[b] Mt 28,5ff Mk 16,8

15 Jona ist der letzte Schritt nicht erspart geblieben: **»Und sie nahmen Jona und warfen ihn ins Meer.«** Er stürzt einem sicheren Tod entgegen. Im AT ist das Meer Urbild des Grausigen und Gottfernen[c]. Neben dem realen Geschehen tragen die Worte also wieder einen Doppelsinn, durch den sie symbolisch andeuten, wie Jona jetzt offensichtlich aus der Gemeinschaft mit Gott endgültig entfernt wird. Man möchte fragen: Warum hat Gott dem Propheten diesen letzten Schritt nicht erspart? Es ist kein Zweifel: Gott hätte den Sturm schon vorher »anhalten« können. Die Antwort lautet, daß Jona erst in seinem Eigenwillen zerbrochen werden muß. Eigenwillige Knechte sind für den Herrn auf die Dauer nicht tauglich. In V. 12 haben wir Jona zwar als verzweifelten Mann vor Augen, der aber im Gesetz der Gerechtigkeit verharrt und darum mit dem Leben für die Schuld büßen will – um gewissermaßen dann mit Gott quitt zu sein. Das hieße nichts anderes, als am Ende doch mit eigener Leistung, und hieße sie Hingabe des Lebens[d], Gott zufriedenstellen zu wollen. Der zerbrochene Mensch hat tiefere Erkenntnis: er erkennt seine Unfähigkeit, für seine Schuld genug zu tun, und streckt sich darum nach der Gnade Gottes aus. Aus diesem Wissen erklärt sich Davids Gebet in Ps 34,6 (vgl. Ps 51,19): »Der Herr ist nahe denen, die zerbrochenen Herzens sind, und hilft denen, die ein zerschlagenes Gemüt haben.« Manchmal führt uns Gott über die Grenze dessen, was wir gerade noch für ertragbar halten. Aber dort, wo wir den eigenen Willen und die eigene Kraft ganz loslassen, beginnt Gott neu das Werk seiner Liebe und offenbart er sich durch das Wunder seiner Macht.

[c] Ps 46,3; 65,8; 77,17ff Jes 57,20 Da 7,3
[d] 1Ko 13,3

Mit dem Ende des 1. Kapitels entschwinden die Schiffsleute unserem Gesichtskreis. Der Bericht konzentriert sich von jetzt an auf den Weg, in dessen Verlauf Gott den Jona für seine Sendung zurüstet.

B. Jona Kapitel 2

Jonas Rettung, 2,1–11

1 **Und Jahwe beorderte einen großen Fisch, um Jona gierig hinun-**
terzuschlingen, und Jona war im Innern des Fisches drei Tage
2 **und drei Nächte. * Und es betete Jona zu Jahwe, seinem Gott, aus**
3 **dem Innern des Fisches * und sagte:**
»Ich rief aus meiner Drangsal zu Jahwe, und er gab mir Antwort.
Aus dem Schoß des Totenreichs rief ich um Hilfe, du hörtest meine
4 **Stimme. * Und du hattest mich in die Tiefe, ins Herz des Meeres,**
verstoßen und Ströme umgaben mich. Alle deine Brecher und
5 **deine Wellen überströmten mich. * Ich aber dachte: ich bin ver-**
trieben von deinen Augen, gewiß werde ich deinen heiligen Tem-
6 **pel nicht mehr schauen. * Es umschlossen mich Wasser, daß ich**
kaum noch lebte, das Weltmeer umgab mich, Tang war um mein
7 **Haupt gebunden. * Zu den Enden der Berge stieg ich hinab, die**
Riegel der Erde legten sich vor mich auf ewig. Aber du holtest
8 **mich lebendig herauf aus dem Totenort, Jahwe, mein Gott! * Als**
meine Seele an mir verschmachtete, dachte ich an Jahwe. Da kam
9 **mein Gebet zu dir, zu deinem heiligen Tempel. * Wer sich an die**
nichtigen Götzen (oder: **die Nichtse des Eitlen) hängt, entfernt sich**
10 **aus seiner** (d. h. Jahwes) **Gnade. * Ich aber will mit lautem Dank**
dir Opfer bringen. Was ich gelobte, will ich erfüllen. Hilfe ist bei
Jahwe!«
11 *** Und Jahwe sprach zu dem Fisch, und er spie Jona aus ans Fest-**
land.

1. Vorbemerkung

Das Größte an diesem Kapitel ist die Bedeutung, die es für Jesus gehabt hat. Er hat aus ihm zweierlei entnommen: die Weissagung seines Todesleidens und die tröstliche Verheißung seiner Auferstehung nach drei Tagen und drei Nächten[a] [86]. Wenn der auferstandene Jesus nach Lk 24,26 f aus »Mose und allen Propheten« die göttliche Notwendigkeit seines Leidens und Auferstehens belegt, hat er sehr wahrscheinlich auch bei diesem Gang nach Emmaus den Propheten Jona herangezogen. Zur weiteren Benutzung des Jonabuches durch Jesus vgl. die Erklärung zu Kapitel 3 am Schluß. Es ergibt sich also

[a] Mt 12,38ff Lk 11,29ff

[86] Die Wendung »im Schoß der Erde« in Matth. 12,40 meint die Totenwelt.

eine besonders enge Verbindung Jesu mit dem Propheten Jona, wobei Jesus im Geschick des Jona die Weissagung seines eigenen Geschicks erblickt. Steht es so, dann ist deutlich, daß Jesus im Jonabuch kein Märchen, sondern wirkliche Geschichte sah, die nur so für seine Geschichte typisch sein konnte. Auf denselben Schluß führt die Zeichenforderung, die man nach Mt 12,38 ff; 16,4; Lk 11,29 ff an Jesus stellte und die er mit dem Hinweis auf ein kommendes »Jona«-Zeichen beantwortete. Auch dabei muß ein reales Geschehen erwartet werden. Ein »Märchen« kann kein Zeichen im Sinne der Bibel sein.

2. Der rettende Fisch, 2.1

1 Der Ausdruck **»beorderte«** gibt die großartige Souveränität Gottes wieder, der nach dem Wind den Fisch als das zweite Werkzeug seines überlegenen Willens benutzt. Das Wunder besteht nicht darin, daß Gott den Fisch eigens erschuf (in dieser Richtung könnte man den Luthertext: »der Herr ließ einen großen Fisch kommen« verstehen). Sondern Gott gibt einem der Fische der Gegend, die vielleicht in der Hoffnung auf Beute bereits das sturmgejagte Schiff begleiteten, gewissermaßen »Order«, den Jona ganz und lebendig zu verschlingen. Das geschieht mittels seines natürlichen Heißhungers, mit dem er nach der Beute schnappt. Wir treffen ja in der Bibel öfters den Umstand an, daß das Wunder eingewickelt in sehr natürliche Prozesse geschieht. Wieder sei an den Durchzug durchs Schilfmeer erinnert, wobei Gott den Ostwind benutzt, um Israel einen Weg freizuwehen[a], oder an die Speisung Israels mit Wachteln[b], wobei die Vögel auf ihrem Zug nach Süden ermattet beim Lager niedersinken. Daß ein solches rettendes Ereignis gerade zur rechten Zeit und im rechten Umfang stattfindet, macht hier das eigentliche Wunder aus. Der unbeteiligte Zuschauer würde es eben als »Zufall« einstufen.

[a] 2Mo 14,21
[b] 2Mo 16,1ff

»Drei Tage und drei Nächte« war Jona im Innern des Fisches. Diese Wendung hat im Hebr. einen formelhaften Charakter und meint keinen mathematischen Zeitraum von genau 72 Stunden[87]. Vielmehr zählt der Hebräer jeden angefangenen Tag als vollen Tag mit. Beispielsweise starb Jesus an einem Freitag etwa um 15.00 Uhr und erstand am frühen Morgen des Sonntag von den Toten auf. Auch da redet die Bibel von drei Tagen und drei Nächten[c] bzw. einer Auferstehung am dritten Tag[d], ohne daß es sich um 72 Stunden handelt. Die exakte Zeitdauer, die Jona im Fisch verbrachte, vermögen wir also nicht zu ermitteln.

[c] Mt 12,40 Mk 8,31
[d] 1Kor 15,4

[87] So auch Haller S. 29; P. Müller S. 31; vgl. Billerbeck I S. 649; Wade S. 128.

Der Text spricht von einem **»großen Fisch«**, ohne nähere Bezeichnung. Ob Jona tatsächlich im Innern eines Fisches war, ist ein unerschöpfliches Diskussionsthema der Forschung. Oft interessiert die Leute am Jonabuch dieser Bericht am meisten. Gelegentlich versucht man rationalistisch umzudeuten. Eine Möglichkeit ist die Erklärung, Jona habe das in Kap. 2 Erzählte geträumt: so berühmte jüdische Gelehrte im Mittelalter (s. oben Abschnitt IA). Andere rechneten damit, »daß ein totes Seetier aus der Tiefe heraufkam, Jona faßte eine Flosse oder eine Finne an, legte sich auf seinen Bauch und wurde am dritten Tag aufs Land geworfen«[88]. Wieder andere hielten den »großen Fisch« für den Namen eines Schiffes, das Jona aufgefangen habe[89]. Aber solche Erklärungsversuche erscheinen gezwungen und wenig befriedigend.

Wir sollten nüchtern feststellen, daß die Tatsächlichkeit des Berichteten nicht davon abhängt, ob ähnliche Vorgänge auch schon anderswo beobachtet worden sind. Gott kann in seiner freien Macht Bedingungen herbeiführen, die sich niemals wiederholen. Darüber sind sich auch die meisten Ausleger einig. Da wir aber beobachteten, daß Gott seine Wunder gerne in die »Windeln« normaler bzw. auch sonst geschehender Vorgänge einpackt, sollten wir zunächst die Möglichkeiten ins Auge fassen, die die heutige Naturkunde anbietet.

Unter den Meeresbewohnern unserer Zeit scheiden die Bartenwale (das hebr. Wort für »Fisch« schließt die Wale ein, obwohl sie genaugenommen keine Fische, sondern Säugetiere sind), z. B. Blauwal oder Grönlandwal, aus, da sie wegen ihrer Barten nur winzige Meerestiere verzehren können. Dagegen ließe sich an den Schwertwal, den Pottwal, den Weißhai und den Blauhai denken[90]. Der Schwertwal (lat. Bezeichnung Orca gladiator oder Orcinus orca), 6–10 m lang, lebte im Altertum auch im Mittelmeer und ist ein fürchterlicher Raubfisch. Seine Beute sind u. a. Schweinwale, Delphine, Narwale, Belugas (Weißwale), Seehunde, Seelöwen. Er greift sogar die großen Bartenwale an. »Kleinere Wale und Seehunde verschlingt der Schwertwal unzerkleinert; der dänische Walforscher David Friedrich Eschricht fand im Vormagen eines Schwertwals die Überreste von dreizehn Schweinwalen und vierzehn Seehunden« (Grzimek S. 505). Anderseits gewöhnt er sich in der Gefangenschaft so sehr an Menschen, daß ein Schwertwal im Aquarium von Seattle Menschen auf seinem Rükken reiten ließ. Der Pottwal (Physeter macrocephalus oder catodon), bis gegen 30 m lang, ist ebenfalls ein ausgesprochener Raubfisch. Im

[88] So C. G. Anton, ähnlich Griesdorf und Vaupel. Vgl. Friedrichsen S. 27 f.
[89] Zuerst wohl Clericus 1710; zuletzt Vycichl 1956 (S. 185 f). Vgl. Friedrichsen S. 24 ff.
[90] Evtl. auch an den Tigerhai (Galeocerdo cuvieri, vgl. Grzimek S. 120).

Magen eines Pottwals, den man bei den Azoren fing, fand man einen mehr als 10 m langen Tintenfisch, der 186 kg schwer und noch vollkommen erhalten war. Dieser Pottwal maß selbst nur 14 1/2 m Länge. Größere Exemplare bewältigen noch größere Beute. So kamen aus dem Magen eines anderen Pottwals drei ganz verschluckte Haie zutage, davon der längste über 3 m lang. Der Weißhai, den man auch Menschenhai nennt (lat. Carcharodon carcharias), wird bis zu 12 m lang und bis 3 t schwer. Ein sechs Meter langes Tier dieser Gattung kann einen ganzen Menschen verschlingen. Der vierte Räuber, der hier in Frage kommt, ist der Blauhai (Carcharias glaucus oder Prionace glauca). Bis über 6 m groß, verzehrt er andere Haie und greift alles an, was ihm begegnet, auch Menschen[91].

Es wäre also naturwissenschaftlich unter sehr günstigen Bedingungen vorstellbar, daß Jona in einem dieser Fische bzw. Wale einige Zeit überlebte[92]. Wir sehen weder von der biblisch bezeugten Schöpfermacht Gottes noch von der Naturwissenschaft her einen ausreichenden Grund, den Aufenthalt Jonas im Fisch als ein tatsächliches Ereignis zu bestreiten[93]. Im folgenden setzen wir voraus, daß auch hier ein geschichtlich glaubwürdiger Bericht vorliegt.

3. Jonas Gebet, 2,2–10

Der Tenor dieses Gebets ist die Dankbarkeit über Jonas Rettung, die er als Wunder erfährt. Fast alle Ausleger charakterisieren deshalb Jona 2,3–10 als einen »Dankpsalm«.

2 Die Wandlung, die in Jona eingetreten ist, wird zart, aber unübersehbar in der Beifügung V. 2 angedeutet: Jahwe ist wieder **»sein Gott«**. Die Schuld ist vergeben, das Leben wiedergeschenkt, das Verhältnis zu Gott auf die neue Grundlage des Dankes und des Vertrauens gestellt. Und zwar ist dies alles ausschließlich durch Gottes Handeln, nicht durch Jonas Beitrag entstanden! Es ist die Grundlage der reinen Barmherzigkeit, der Gnade. Woran ist Jona dies aufgegan-

91 Vgl. Traité de zoologie S. 421; Grzimek S. 99 ff, S. 481 ff; Kaiser Ev. Theol. S. 96,18; Keil S. 289 f; Lippl S. 163 f; Macloskie S. 334; P. Müller S. 27 f; Pusey S. 257 f; Ziegler S. 146 ff.

92 Werner sieht in seinem für den Rel.unterricht gedachten Buch in Jona 2 den »immer irgendwo sitzenden Schalk« eines »Seemannsgarnes« (S. 63), Pfeiffer hält die Begebenheit für »physicologically improbable« (S. 588).

93 Wilder-Smith, Naturwissenschaft und Kanzel, 2. Aufl., 1968, S. 70 und P. Müller S. 30 geben vergleichbare Vorgänge aus der Neuzeit an. So sei im Oktober 1968 bei Medan/Sumatra ein Fischer lebendig aus dem Magen eines toten Hais herausgeholt worden. Im allgemeinen empfiehlt sich jedoch Vorsicht gegenüber den mancherlei umlaufenden Wunderberichten.

gen? Allein an der Tatsache, daß er im Fisch noch lebt! Also durch
das offenbare Eingreifen Gottes. Es liegt nahe, hier an die Stiftung
des neuen Bundes zu denken: »mit Gott versöhnt . . ., als wir noch
Feinde waren«[a]. [a] Rö 5,10
Das Dankgebet scheint noch die Erlebnisse Jonas widerzuspiegeln,
obwohl man mit der Ausdeutung der einzelnen Angaben deshalb
vorsichtig sein muß, weil Jona traditionelle Gebetswendungen ge-
braucht. In den Augenblicken vor dem Überbordwerfen und des Sin- 3
kens in die tobende Tiefe hat Jona offenbar zu Gott geschrien: **»Ich
rief aus meiner Drangsal . . . aus dem Schoß des Totenreichs rief ich
um Hilfe.«** Auf der Grenze vom Leben zum Tod scheint Jona innerlich
für die Gnade aufgebrochen, alle Selbstgerechtigkeit aber zerbrochen
zu sein. So wurde der Sterbensvorgang zur Vorbereitung einer neuen
Geburt **»aus dem Schoß des Totenreichs«**. Wieder ist der äußere Vor-
gang zugleich symbolisch für das innere Geschehen. Freilich ist das 4
Grauen, die anfängliche Verlorenheit noch höchst lebendig und ge-
genwärtig: **»du hattest mich in die Tiefe, ins Herz des Meeres, versto-
ßen und Ströme umgaben mich. Alle deine Brecher und Wellen über-
strömten mich.«** Hier tauchen in besonderem Maß traditionelle Ge-
betsbilder Israels auf. Wir sprachen schon vom Grausen, das sich für
den Israeliten mit dem als fremd empfundenen Meer verbindet[94]. Die
Ströme, Brecher und Wellen bezeichnen immer wieder in den Psal-
men herzbedrückende Not, Bedrängnis und Anfeindung. Aber selbst 5
im Begriffe, zu sterben, ist das Beschwerendste für Jona die Tren-
nung von Gott, die ihn durch seine Sünde belastet: **»Ich aber dachte:
ich bin vertrieben von deinen Augen.«** Das macht den Leser darauf
aufmerksam, daß die innere Not der Sünde sich mit dem Sterben nicht
auflöst, sondern dann erst im vollen Gewicht hervortritt. Selig zu
sterben, war für unsere Väter die Vollendung des Lebens (vgl.
Ev. Kirchengesangbuch Nr. 313; 315; 346,12). Die Worte: **»gewiß
werde ich deinen heiligen Tempel nicht mehr schauen«** zeigen, daß
Jona noch in der Auffassung lebt, daß die Toten in der Totenwelt vom
Herrn getrennt bleiben, in einer schattenhaften Stille, wo man Gott
nicht mehr zu loben vermag[b]. Daß hier der Glaube und das Wissen [b] Ps 115,17
von einer Auferstehung noch fehlen, ist ein Zeichen alter Zeit. Unsi- Jes 38,18
cher bleibt, wie wir die zweimalige Erwähnung **»deines heiligen
Tempels«** (Vers 5 und 8) zu verstehen haben. Möglicherweise zog
Jona wie viele Nordisraeliten zum Jerusalemer Tempel. Möglich
bleibt auch, daß Jona auf ein Heiligtum in Nordisrael anspielte.
Wahrscheinlich aber ist es im übertragenen Sinne aufzufassen, so

[94] Israel war nie ein Seevolk. Als Salomo eine Flotte aufbaute, holte er seine Schiffsführer aus dem phönizischen Tyrus: 1 Kö 9,26 ff.

6 daß es die erfahrbare Gegenwart Gottes meint[95]. Sehr realistisch auf
die Lage Jonas bezogen wirkt: **»Es umschlossen mich Wasser, daß ich**
7 **kaum noch lebte, das Weltmeer umgab mich, Tang war um mein**
Haupt gebunden.« Natürlich denkt Jona hier an die Situation vor der
Bergung im Fisch. Den äußersten Punkt dieses Wegs nach unten mar-
kieren die Worte: **»Zu den Enden der Berge stieg ich hinab, die Riegel**
der Erde legten sich vor mich auf ewig.« Hier klingt ein Leitwort aus
der Flucht Jonas, die Kap. 1 beschrieb, wieder an: **»stieg hinab.«** Wir
bemerkten ja, wie Jona von dem Entschluß an, Gott den Gehorsam zu
verweigern, weiter und weiter auch im geistlichen Sinne »herunter-
kam« (s. oben II A 2). Jetzt erreicht er die **»Enden der Berge«.** Ge-
dacht ist dabei an die unterste Basis der Berge, die vom Meeresgrund
her über dem Meeresspiegel auf dem Kontinent aufsteigen. Sinnge-
mäß könnte man hier übersetzen: »Wurzeln der Berge«. Überhaupt
ist die Übersetzung dieses Verses schwierig. Die **»Riegel der Erde«**
scheinen vielen Auslegern in Jona 2 unangemessen, da Jona doch ins
Meer versinke. Aber diese Riegel haben wohl einfach die Bedeutung
eines Verschlusses des Totenreichs angenommen, so daß der Sinn ist:
»das Totenreich wollte mich für ewig behalten.« Unzweideutig geht
aus Jonas Gebet hervor, daß er sich schon als Glied des Totenreichs
wähnte. Um so eindrücklicher ist ihm die Rettung, die Gott durch den
Fisch bereitete: »(Jahwe) **gab mir Antwort«** – **»du hörtest meine**
Stimme« – **»Aber du holtest mich lebendig herauf aus dem Totenort«.**
Es ist der Ton triumphierenden Lobpreises, der die Worte **»Aber du**
holtest mich herauf« durchschwingt. In ungezählten Liedern, ange-
fangen von den biblischen Psalmen, wiederholt sich dieses »Aber«,
das die sieghafte Macht des lebendigen Gottes allen Widerständen
und allen Aussichtslosigkeiten gegenüber rühmt. Der, der sich die-
sem Gott in die Arme wirft, erfährt Hilfe jenseits aller menschlicher
Möglichkeiten.

Fast unversehens stehen wir hier an einem der Quellpunkte des bib-
lischen Auferstehungsglaubens. Die Erfahrung, daß Gott vom Tod
erretten kann, hat Israel vorbereitet für den Empfang der Verhei-
ßung: »deine Toten werden leben« (Jes 26,19). Jonas Gebet schließt
[c] Ps 31,7
mit einer älteren Erkenntnis Israels[c]: **»Wer sich an die nichtigen Göt-**
zen hängt, entfernt sich aus seiner (Jahwes) **Gnade.«** Der Satz ist nur
vom Eingottglauben Israels her verständlich. Wer im Heidentum ei-
9 nem zweiten Gott Anhänglichkeit erwies, verlor noch keineswegs das
Wohlwollen des ersten. Hier teilten sich vielmehr viele Götter in die
Ehre, die ihnen Menschen bezeugten. Ganz anders in Israel. Sein Gott
ist ein eifernder Gott, der von sich sagt: »Ich will meine Ehre keinem

[95] Zur Erörterung des Problems vgl. Aalders S. 69; Bousset S. 108; Landes Kerygma S. 21.

andern lassen« (Jes 42,8; 48,11). Ebenso wie Gott in seiner Liebe sich
ganz an die Seinen hingibt, so will er auch Israels Liebe von ganzem
Herzen und mit aller seiner Kraft[d]. Der Mensch steht hier vor einem [d] 5Mo 6,5
Entweder – Oder. Wird ihm ein Abgott wichtiger, dann entfernt er
sich in gleichem Maß aus Gottes lebenschaffendem Bereich. Erstaun-
lich ist, daß Jona den obigen Satz auf sein eigenes Verhältnis zu Gott
anwendet. Er sieht also in seiner Flucht eine Parallele zum Götzen-
dienst und gesteht jedenfalls, daß er sich schuldhaft vom Herrn ent-
fernte. Aber nun hat sein Leben wieder eine andere Richtung. Jona
hat die Umkehr zum Herrn vollzogen. Dankbar will er ihn ehren.
Nach seiner wunderbaren Rettung gibt es nur eines für ihn: den Wil- 10
len des Herrn, den er zu erfüllen gelobte, auch wirklich zu erfüllen:
»Ich aber will mit lautem Dank dir Opfer bringen. Was ich gelobte, will ich erfüllen. Hilfe ist bei Jahwe.«

Dem guten Bibelkenner bleibt es nicht verborgen, daß Jonas Gebet zahlreiche Wendungen und Anklänge aus anderen Psalmen enthält, u. a. aus Ps 18; 31; 42; 50; 62; 69; 120; 142. Einige Gelehrte zogen aus dieser Beobachtung den Schluß, das Dankgebet müsse jünger sein als das Jonabuch, und irgendein unbekannter Verfasser habe es so »zusammengestoppelt« und dann nachträglich dem Buche einverleibt. Sie meinten, nur eine »Neukomposition« könne als »echt« im Sinne von ursprünglich betrachtet werden. Diese Auffassung geht jedoch sowohl an der damaligen Situation wie an der Lebenswirklichkeit vorbei. Vermutlich sind diese Gebetswendungen mit ihrer Bildersprache sehr alt. Wir wissen nicht zu sagen, wann sie zum ersten Mal auftauchen. Es braucht uns ferner nicht zu wundern, daß Jona in dieser äußersten Erfahrung seines Lebens die alten Gebete Israels benutzt. Auch unsere Lebenserfahrung und insbesondere die Seelsorge lehren, daß man in Krisensituationen eher auf altvertraute liturgische Formen zurückgreift als Neues formuliert. Im Umgang mit Kranken, Schwermütigen und Angefochtenen enthüllen sich auswendiggelernte Gebete und bekannte Psalmen immer wieder als ein Schatz, von dem man dankbar Gebrauch macht[96]. In diesem Zusammenhang ist interessant, daß zwei der mit Jona 2 sich berührenden Psalmen, nämlich Ps 31 und 69, unter den »Leidenspsalmen« der Passion im Munde Jesu zitiert werden[97].

Vergleicht man den Jona, der in Kapitel 2 betet, mit dem Jona des 1. Kapitels, so muß man eine gewaltige Veränderung konstatieren. Jona ist aus dem Abgrund, in den ihn äußerlich und innerlich die eigenen Wege führten, herausgeholt und vollzieht ins Letzte erschüttert

[96] Ebenso Goitein S. 69.
[97] Vgl. Jona 2,5.9 mit Ps 31,6.7.23 und Lk 23,46; ferner Jona 2,6 mit Ps 69,2 und Mt 27,34.48.

eine neue Hingabe an den Herrn. Er hat dankbar die unverdiente Gnade ergriffen, die sich ihm durch den Fisch offenbarte. Er ist umgekehrt, und d. h. heimgekehrt zu seinem Gott[98]. So wird er tauglich für den vorgesehenen Auftrag nach Ninive. Durch Zerbruch zur Frucht – darin drückt sich ein tiefes geistliches Gesetz der Schrift Alten und Neuen Testaments aus. Vielleicht dürfen wir hier wie durch einen Spalt in den Sinn göttlicher Pädagogik hineinschauen. Die Nöte, die der Herr über die Seinen kommen läßt, sind zunächst einmal Haltesignale für die falschen Gleise, auf die wir geraten, sodann aber dazu bestimmt, ein geistliches Mehr zu schaffen: an Erkenntnis und Liebe des Herrn, an Geduld und Hingabe, an Glauben und Gewißheit. Entgegen dem Augenschein lernt der Glaube, daß die Treue und Fürsorge Gottes sich oft so ausdrückt, daß er es seinen Knechten äußerlich schwer macht.

Noch ist freilich Jonas Situation nicht aus aller Spannung gelöst. Er befindet sich ja immer noch in dem körperlich fürchterlichen Behältnis des Fisches. Doch nun sorgt der Herr dafür, daß er das rettende Ufer, das er im Glauben bereits erfaßte, auch leiblich erreicht.

4. Jona gelangt ans Festland, 2,11

11 Knapper kann das Kapitel nicht enden als mit dem Vers: **»Und Jahwe sprach zu dem Fisch, und er spie Jona aus ans Festland.«** Alles, was nur die Neugierde bereichern kann, bleibt verborgen. Nicht einmal der Punkt, wo Jona Land unter die Füße bekommt, ist bezeichnet. Hierin liegt ein wesentlicher Umstand, der Jona und die meisten biblischen Wunder vom Märchen und der ausschmückenden Legende unterscheidet. Der Bericht bleibt auf das Unverzichtbare konzentriert und eilt so schnell als möglich dem nächsten entscheidenden Ereignis, der Predigt in Ninive, zu.

Die Wendung **»Und Jahwe sprach zu dem Fisch«** bedeutet keine der menschlichen vergleichbare Rede, sondern die Übermittlung des Willens Gottes an den Fisch, die Fügung Gottes mit diesem Fisch. Vermutlich hat dieser sich des Jona auf sehr normale Art in der Uferzone entledigt. Gott hat keine Schwierigkeiten, seinen Willen an irgendeine Stelle seiner Schöpfung zu übermitteln. Nur mit dem Menschen ist seit dem Sündenfall die Kommunikation schwierig geworden, mit der schrecklichen Fähigkeit des Menschen, Gott nicht mehr zu hören.

[98] Anders Rudolph Festschrift S. 237: »Einen bekehrten Jona gibt es nicht.«

In manchem Leser mag die Frage wach werden, weshalb gerade Jona durch dieses besondere Wunder ausgezeichnet wurde. Ohne daß man sich eine erschöpfende Antwort anmaßen dürfte, drängt sich doch der Hinweis auf, daß Gott in der Regel dort, wo er einen Menschen besonders beruft oder wo er eine neue Wegstrecke mit den Seinen einschlägt, ungewöhnliche Erfahrungen schenkt. Denn Berufung oder neue Wege bedeuten auch besondere Belastung, die ertragen werden soll. Das Wunder steht dann also im Dienst der Gewißmachung. Für Wunder, die eine Berufung bekräftigen, vgl. man z. B. den brennenden Dornbusch bei Mose (2 Mo 3) oder die Wolle bei Gideon (Ri 6,36 ff). Als Wunder, die für einen neuen Weg gewiß machen, sehe man die Beispiele der ägyptischen Plagen oder den Durchzug durchs Schilfmeer (2 Mo 7–14), und im NT die Erlebnisse, die Petrus zur Aufnahme der Heidenmission bereit machen (Apg 10)[99]. Von hier aus könnte man sagen, daß das biblische Wunder keinen Schau-, sondern einen Dienstcharakter hat. Es ist dann verständlich, daß die Wunder im »normalen« Leben der Gläubigen entweder seltener oder weniger großartig sind. Umgekehrt aber weist uns das ungewöhnliche Wunder bei Jona noch einmal darauf hin, daß Gott einen wichtigen neuen Schritt in seiner Geschichte mit den Menschen vorbereitet. Seine Zuwendung zu Assyrien und die entsprechende Abwendung von Israel bedeuten denn auch den Untergang der Stämme des israelitischen Nordreichs, die bis heute aus der Weltgeschichte verschwunden sind. Für seine schwere Mission wird Jona also in ungewöhnlicher Weise durch das Erlebnis des Handelns Gottes zugerüstet.

[99] Wertvoll sind in dieser Hinsicht die Ausführungen bei Hävernick S. 340–341.

C. Jona Kapitel 3

1. Vorbemerkung

Das dritte Kapitel bildet das Zentrum des Jonabuches. Hier fallen die religiösen Entscheidungen, die dann geschichtliche Folgen haben. Wohl sind die Kapitel 1 und 2 mit der Beauftragung und Zurechtbringung Jonas eine unentbehrliche Voraussetzung für dieses dritte Kapitel – aber eben nur eine Voraussetzung! Gottes Plan greift ja über die Ordnung des Verhältnisses zu Jona weit hinaus. Wo Gott einen einzelnen gewinnt, da hat er oft schon sein ganzes Volk oder gar die Völker im Blick. So zielt Gott nach dem Bericht des Jonabuches auf die Buße Ninives und damit auf Assyrien. Am Ende des Buches zeigt sich, daß Gott der Größe Assyriens neuen Raum geben will, bis es schließlich – das liegt freilich schon in der Geschichte jenseits des Buches – zum Einsatz Assyriens als eines Strafwerkzeuges gegen das abgefallene Israel kommt. Aber ob Assyrien eine solche Zukunft haben kann, das eben entscheidet sich an der Buße, die Ninive auf Jonas Predigt hin tut. Von diesem Zusammenhang her betrachtet führen uns also Jona 3,1 ff, vor allem 3,4 – 10, in das Herzstück der Ereignisse und des Berichtes.

2. Jona geht nach Ninive, 3,1–3

1/2 Und es erging das Wort Jahwes an Jona zum zweiten Mal: * »Mache dich auf! Geh nach Ninive, der großen Stadt, und rufe ihr die
3 Botschaft zu, die ich dir sagen werde!« * Aber Jona machte sich auf und ging nach Ninive, wie Jahwe gesagt hatte. Aber Ninive war eine große Stadt vor Gott, mit einer Ausdehnung von drei Tagereisen.

1 V. 1 entspricht nach dem hebr. Text völlig dem ersten Vers des Buches (1,1), mit Ausnahme eines einzigen Wortes. Damit ist klar, daß Jona wieder am selben Ausgangspunkt steht – oder, positiv ausgedrückt, von Gott her einen wirklichen Neubeginn geschenkt erhält. Gott handelt hier wie ein geduldiger Vater, der nach einem mißglückten Versuch seines Kindes das Kind erneut bei der Hand nimmt und dieselbe Aufgabe mit ihm noch einmal anpackt. Alles von vorn beginnen, nachdem man seine Fehler erkannt hat – wie tief liegt das in der Sehnsucht des Menschen! Allein wie oft bleibt ein solches Verlangen umsonst und ungestillt. Versprechungen erweisen sich als

hohl, Erwartungen zerplatzen. Nur durch die Umkehr zu Gott als der Quelle des Lebens wird ein tatsächlicher Neubeginn möglich. Buße ist biblisch das Tor zum Leben[a].

[a] Apg 11,18

Das eine Wörtlein, das im hebr. Text gegenüber 1,1 zusätzlich erscheint, lautet im Deutschen **»zum zweiten Mal«**. In sehr zurückhaltender Weise deutet der Bericht durch dieses Wort die Ereignisse an, die zwischen 1,1 und 3,1 liegen. Es würde dem biblischen Begriff der Vergebung nicht entsprechen, wenn die böse Vergangenheit einfach mit Schweigen übergangen würde. Vergeben und Vergessen dürfen nicht verwechselt werden. Vergebung ist nur echt, wenn man der Vergangenheit voll ins Gesicht schauen kann. Wir können ja auch die Erinnerung nicht nach Belieben löschen. Vergebung hat also nichts mit Augenwischerei zu tun. Auf der anderen Seite befreit uns die göttliche Vergebung aus dem Bann der vergangenen Sünde. Es ist eine Erfahrung der Seelsorge, daß der Teufel die Vergangenheit immer wieder benützt, um uns niederzudrücken. Hier bietet uns der erste Vers des dritten Jonakapitels eine Hilfe: mehr als *ein* Wort wird dem Vergangenen nicht zur Verfügung gestellt! Der Glaube lernt, auch hier von sich selbst und von dem Teufel, der mit der Vergangenheit droht, weg – und zum Herrn aufzusehen.

Auch Jona 3,2 beginnt wie der zweite Vers des ersten Kapitels, doch 2
die zweite Hälfte ist verändert. Statt: »Rufe über sie! Denn ihre Bosheit ist vor mich aufgestiegen«, heißt es jetzt: **»rufe ihr die Botschaft zu, die ich dir sagen werde!«** Mit dem Auftrag wird nun ausdrücklich eine Verheißung verbunden: **»die ich dir sagen werde.«** Aus diesen Worten klingt eine neue Vertrauensbeziehung zwischen Jona und seinem Herrn. Darin steckt etwas Typisches und Allgemeingültiges. Durch schwere Lebens- und Leidenserfahrungen, durch erkannte Fehlwege und durch Gnadenerfahrungen werden wir stärker mit Gott verbunden. Das Verhältnis zwischen Gott und Jona hat sich nach allem Geschehenen durch Jonas Umkehr vertieft. So spricht Gott jetzt eher wie zu einem Vertrauten und zu einem Freunde.

Der Vergleich von 1,2 und 3,2 ist noch in anderer Hinsicht lehrreich. Es ist ganz offensichtlich, daß nunmehr in 3,2 das Element der Schuld Assyriens zurücktritt. Erinnerte nämlich in 1,2 die Wendung: »Denn ihre Bosheit ist vor mich aufgestiegen« an Sodom und Gomorra, so fehlt dieser Anklang in der neuen Auftragsformulierung. Jona wird dadurch stärker auf einen positiven Ausgang seiner Predigt vorbereitet.

Daneben muß betont werden, daß weder in der ersten noch in der zweiten Beauftragung Jonas ein unwiderruflicher Plan Gottes, Ninive zu vernichten, enthalten ist. Diese Feststellung bekommt Gewicht im Blick auf die weiteren Vorgänge.

In V. 3 erweist es sich, daß Jona eine echte Umkehr vollzogen hat. Er handelt im Doppelsinn des Wortes »umgekehrt« wie in 1,3: **»Aber Jona machte sich auf und ging nach Ninive, wie Jahwe gesagt hatte.«** Anstelle des früheren Widerspruchs finden wir hier Entsprechung und Einklang zwischen Gott und Jona. Während das Fluchtunternehmen Richtung Ende der Welt nur wieder zum Anfangspunkt zurückführte, und der Plan, in dem Jona seinen Platz haben sollte, noch nicht im mindesten zur Ausführung gelangt war, ist jetzt ein Fortschritt zu beobachten. Gegenüber diesem entscheidenden Schritt läßt der Bericht wieder alle Einzelheiten der ca. 1000 km langen Reise beiseite. Wie sich der Anfang des 1. Kapitels auf das Ergebnis des Ungehorsams konzentriert hatte, so konzentriert sich jetzt der Anfang des 3. Kapitels auf das Ergebnis des Gehorsams. Damit stoßen wir erneut auf ein biblisches Grundgesetz: Glaube und Unglaube werden an ihren Früchten erkannt. »Ein guter Baum bringt gute Früchte«, sagt Jesus zu seinen Hörern (Mt 7,17 ff; 12,33). Evangelischerseits hat manchmal die Gefahr bestanden, die Rechtfertigung durch den Glauben aus dem Zusammenhang der biblischen Aussagen zu lösen, anstatt diese köstliche Perle richtig in das Geschmeide des ganzen Bibelwortes einzufügen. Dadurch geriet die Bewährung des Glaubens durch ein Tätigwerden in Dankbarkeit und Liebe leicht in eine untergeordnete Rolle. So konnten im kleineren oder größeren Umkreis Situationen entstehen, die gerade einen Jakobus mit seiner Frage: »Was hilfts, liebe Brüder, so jemand sagt, er habe Glauben, und hat doch keine Werke?« nötig machten (Jak 2,14). Vielleicht liegt heute ein anderes Problem noch heller am Tage. Viele betonen die Entscheidung, die wir für Jesus zu treffen haben, und bekennen freudig, daß sie entschieden zu Jesus gehören, ohne in ihrem Verhalten und Tun die entsprechende Konsequenz zu ziehen. Was hilft's, müßte man hier fragen, wenn jemand sagt, er habe sich entschieden, und läßt doch keinen Gehorsam gegen Gottes Wort erkennen? Gerade unsere Zeit ruft nach dem, was die Theologie christliche »Ethik« nennt und was unsere Glaubensväter »Heiligung« nannten. Jedenfalls sehen wir bei Jona an den Konsequenzen, daß er wirklich zu Gott umgekehrt ist.

3 Der Weg nach Ninive ist freilich nur die erste Etappe in der Ausführung seines Auftrags. Der Anblick Ninives muß ihm die Größe der gestellten Aufgabe erst richtig vor die Augen gestellt haben. Schon die Sendungsworte hatten ja auf die Größe der Stadt hingewiesen. Nun läßt der Bericht den gewaltigen Eindruck deutlich spüren, den das Ziel der Reise auf Jona machte: **»Aber Ninive war eine große Stadt vor Gott, mit einer Ausdehnung von drei Tagereisen.«** Wir bemerkten bereits in der Erklärung zu 1,2, daß die Wendung »die große

Stadt« an 1 Mo 10,12 erinnert. Neu ist die Einfügung **»vor Gott«**. Ein Teil der Ausleger sieht darin nur einen abgeschliffenen, formelhaften Ausdruck gleich dem deutschen »in Wirklichkeit«. Wahrscheinlich ist jedoch 3,3 mit 4,11 zu verbinden, wo Gott seine Barmherzigkeit eben auch mit der Größe der Stadt und ihrer Einwohnerzahl begründet. Dann ergibt sich als Sinn der Worte **»vor Gott«**, daß er die Stadt zu solcher Größe aufwachsen ließ und sie gerade in ihrer Bedeutung für seine Pläne in Rechnung stellt. Durch den Bericht des Jona schimmert also eine ähnliche Erkenntnis der Beziehungen Gottes zu allen Völkern, wie wir sie bei Amos, dem etwas jüngeren Zeitgenossen, finden, wenn er Gottes Frage an seine Zuhörer weitergibt: »Seid ihr Kinder Israel mir nicht gleich wie die Mohren? spricht der Herr. Habe ich nicht Israel aus Ägyptenland geführt und die Philister aus Kaphtor (= Kreta) und die Aramäer aus Kir?« (Am 9,7). Als Schöpfer und Herr der Geschichte behält Gott die Völker trotz Sünde und Abfalls in seiner Hand. Auch Paulus legt in Athen davon Zeugnis ab: »Er hat gemacht, daß von Einem aller Menschen Geschlechter stammen, die auf dem ganzen Erdboden wohnen, und er hat bestimmt, wie lange und wie weit sie wohnen sollen« (Apg 17,26). Den Hörern und Lesern wird also an dieser Stelle des Jonabuches bewußt gemacht, daß Gott auch hinter der assyrischen Geschichte als überlegener Gestalter steht und mit der Sendung Jonas eine neue Seite dieser Beziehungen aufschlägt.

Der Bericht gebraucht bei der Darstellung Ninives die Vergangenheitsform **»war«**: **»Ninive war eine große Stadt«** usw. In der Einleitung (oben I B) ist schon die Rede davon gewesen, wie eine größere Gruppe von Auslegern durch diese Vergangenheitsform dazu bewegt wurde, in Ninive nur noch eine versunkene Größe sagenhafter Vergangenheit zu sehen und deshalb den Bericht sehr spät zu datieren. Jedoch führt dieses **»war«** nur in dieselbe Vergangenheit, in der ja der ganze Bericht erstattet werden mußte. Es meint also das Ninive, das Jona eben bei seiner Ankunft antraf.[100] Ob es zur Zeit der Berichterstattung noch steht, ist völlig offen. Wir haben einen ähnlichen Fall in Johannes 11,18. Dort heißt es: Bethanien »war« nahe bei Jerusalem, obwohl Bethanien z. Z. der Niederschrift des Evangeliums immer noch bestand (ähnliche Fälle auch in Jo 3,23; 4,6).

Des weiteren gibt der Bericht eine **»Ausdehnung von drei Tagereisen«** an. Hier bieten sich verschiedene Möglichkeiten der Erklärung. Die Zahl **»drei«** könnte zunächst symbolisch sein. In diesem Sinne kommt sie tatsächlich in der Bibel vor[101]. Dann müßte man in unse-

[100] Ebenso Aalders S. 66 f; vgl. Eerdmans S. 177; Hävernick S. 360; Keil S. 277.
[101] Nachweis bei Bauer S. 355 f; Cohn S. 58 und Wolff Studien S. 50 deuten auf diese Weise.

rem Zusammenhang verstehen: »von einer Ausdehnung, daß man tagelang zur Durchreise brauchte.« Aber diese Deutung läßt sich nicht mit der Zahlenangabe in 3,4 vereinbaren, wonach Jona wirklich *eine* Tagereise weit in die Stadt hineinging. Darum hat man eine zweite Erklärung versucht, nämlich die, daß man drei Tage gebraucht habe, um alle wichtigen Plätze und Straßen der Stadt predigend zu durchwandern[102]. Dazu würde das hebr. Wort für Tagereise, das eigentlich den Weg eines Tages meint, u. U. passen. Eine dritte Erklärung geht davon aus, daß man unter Ninive auch das sog. »assyrische Dreieck« verstehen kann, das zwischen den Flüssen Tigris, Zabu und Ghazir lag und von Dur-Scharrukin (= Chorsabad) im Norden bis Kalach im Süden reichte. Dabei handelte es sich um »eine beinahe ununterbrochene Kette von Siedlungen auf einer Länge von etwa vierzig Kilometern« (Parrot S. 167), mit dem eigentlichen Ninive als Mittelpunkt. Der Vorzug dieser Deutung liegt darin, daß sie sich auf 1 Mo 10,11–12 stützen kann, wo Ninive ja zusammen mit Rehoboth-Ir, Kalach und Resen als »die große Stadt« bezeichnet wird. Für diese dritte Deutung spricht ferner der überwiegende Wortgebrauch, wonach eine **»Tagereise«** eine annähernd geradlinige Wegstrecke zum Ausdruck bringt[b]. Folgen wir dieser Erklärung, dann hätte man damals drei Tage dazu verwenden müssen, um den Stadtbezirk des »assyrischen Dreiecks«, der im weiteren Sinne unter den Namen Ninive fiel, zu durchwandern.

[b] 1Kö 19,4 Lk 2,44

Nach unserer gegenwärtigen Geschichtskenntnis war damals freilich Assur, nicht Ninive, die Hauptstadt Assyriens. Wie kommt es, daß Jona nach *Ninive* geschickt wird? Die Antwort muß lauten, daß Ninive als die ältere Stadt und als der kulturelle und vor allem religiöse Mittelpunkt für die Israeliten Assyrien repräsentiert[c]. Dort hielten sich zudem oft die assyrischen Könige auf. Sodann war Jonas Mission zunächst eine religiöse und keine politische. Seine Predigt und evtl. die Umkehr sollten am religiösen Zentrum erfolgen. Daher war Ninive der gegebene Zielort. Das Nähere zu Ninive s. den folgenden Exkurs.

[c] Nah 1,1

Exkurs: ZU NINIVE

Ninive wurde nach den Angaben des 1. Mosebuches vom ersten Beherrscher eines Weltreiches, Nimrod, gegründet, und zwar von Babylonien aus. Südlich von Ninive baute er Kalach, zwischen diesen beiden Städten noch Resen und außerdem Rehoboth-Ir[103]. Der Verband dieser vier Städte hieß seit uralter Zeit »die große Stadt«[a]. Die

[a] 1Mo 10,8–12

[102] So erklären z. B. Eerdmans S. 175; Kleinert S. 23; 33, v. Orelli S. 104; Sellin S. 249.
[103] Vielleicht war Rehoboth-Ir nur eine Vorstadt Ninives.

Geschichtsforschung bestätigt solche Angaben weitgehend[104]. Assyrien ist zunächst nur ein Teil Babyloniens gewesen und machte sich erst später selbständig. Um 2500 v. Chr. entstand tatsächlich das erste Weltreich, das wir aus den Dokumenten kennen, im Zweistromland.

Ninive lag gerade gegenüber Mossul am östlichen Ufer des Tigris[b]. Noch heute sind dort zwei riesige Schutthügel am Platz der alten Stadt. Der größere ist der Kujundschik. Der kleinere heißt Nebi Junus (arab. «Prophet Jona«). Ersterer ist doppelt so groß und teilweise ausgegraben. Man stellte fest, daß erst nach einer Grabung von 27,5 m Tiefe jungfräulicher Boden erscheint, so dick sind die Ablagerungen der früheren Siedlungen! Wollte man alle aufschlußreichen Schichten abtragen, dann müßte man noch 14,5 Mill. Tonnen Erde beseitigen: der Kujundschik ist bis 1 km lang, 600 m breit. Der zweite Schutthügel, nach dem Propheten Jona benannt, entzieht sich bisher eingehenderer Erforschung. Auf ihm befindet sich ein Dorf (auch namens Nebi Junus), ein Friedhof, eine Moschee und nach moslemischer Meinung das Jonagrab. Die heiligen Stätten machen ihn fast unzugänglich. Die Erforschung Ninives war spannend wie ein Abenteuerroman. Wir halten hier nur fest, daß der Engländer Claudius James Rich 1820 damit begann, daß der Franzose Emile Botta (Konsul in Mossul) 1842 als erster den Spaten ansetzte und ab 1846 der Engländer Austen Henry Layard damit fortfuhr[105].

[b] 1Mo 2,14

Die Besiedlung Ninives reicht bis etwa 5000 v. Chr. zurück[106]. Der Name wandelt außerhalb der Bibel seine Form: Ninuwa, Ninua, Nina und griechisch Ninos; er ist nicht semitischen, sondern indogermanischen (mitannischen) Ursprungs. Die älteste Nachricht stammt aus der Zeit von 2463–2449 v. Chr. und besagt, daß Manischtusu, der Sohn des Weltherrschers Sargon, im Bereich des Ischtartempels in Ninive baute. Auch der babylonische König Hammurabi, der ein berühmtes Gesetzeswerk verfassen ließ, sagt von sich, daß er »in Ninive in Emischmisch (dem Ischtartempel) hell kündete den Namen Ischtars«.[107] Neben der anderen Hauptstadt Assur war Ninive seit dem 14. Jhd. v. Chr. wiederholt die Residenzstadt der aufstrebenden assyrischen Könige[108]. Nach Soden war Ninive »der natürliche Mittelpunkt Assyriens, an dem sich viele Straßen kreuzen« (Sp. 650). In Ninive bauten die Könige Salmanasser I. (1280–1260), Tiglatpileser I. (1114–1076), Adadnirari II. (911–891); dort standen Paläste von As-

[104] Vgl. Parrot S. 111.
[105] Vgl. Weidner Ninos Sp. 635; Parrot S. 118.
[106] Moortgat Sp. 1497; Parrot S. 117; Speiser Sp. 552.
[107] Weidner Ninos Sp. 640; vgl. Parrot S. 119.
[108] Bezold Sp. 1752.

surnasirpal II. (883–859) und Salmanasser III. (858–824). Als ausgesprochene Hauptstadt bevorzugten Ninive Tukulti-Ninurta II. (890–885) und später Sanherib (704–681), Asarhaddon (680–669) und Assurbanipal (668–631).[109] Es stimmt also nicht, wenn man gelegentlich liest, Assyriens Könige hätten gar nicht in Ninive residiert, sondern nur in Assur. Häufig war Ninive auch der Ausgangspunkt der assyrischen Könige, wenn sie zu ihren gefürchteten Eroberungszügen nach dem Westen (Syrien, Kleinasien, Palästina) aufbrachen[110]. Fast noch bedeutender war die Rolle, die Ninive mit seinem Ischtartempel im religiösen Leben Assyriens spielte[111]. Heiligtum und Stadt waren schon mindestens 1700 Jahr alt, als Jona Ninive betrat.

Unter Sanherib und Assurbanipal erreichte die Stadt dann ihre höchste Blüte. Die Stadt Ninive im engeren Sinne, d. h. innerhalb ihrer Mauern, bedeckte damals eine Fläche, die der amerikanische Gelehrte Speiser als »außergewöhnlich groß« bezeichnete (Sp. 551). Die Mauern umgrenzten nämlich ein fast regelmäßiges Rechteck mit einem Umfang von ca. 13 Kilometern. Die Entfernung vom Assurtor zum Nergaltor betrug etwa 5 Kilometer. Felix Jones schätzte die Bevölkerung für die Zeit um 700 v. Chr. auf 174 000 Personen[112]. Herrliche Kunstschätze, vor allem in Gestalt der berühmten assyrischen Reliefkunst, und Keilschriftbibliotheken, sowie Beute und Tributzahlungen der Unterworfenen gaben der Stadt Reichtum und Glanz. Ein Jahrhundert nach Jona sammelte König Assurbanipal in seiner ninivitischen Bibliothek »Werke über Medizin, Mathematik, Astronomie, Geologie und Lexikographie« (Wiseman Nil S. 68). In Kalach bezeugt hundert Jahre vor Jona schon König Assurnasirpal II., er habe gebaut mit »Buchsbaumholz, Maulbeerholz, Zedern, Zypressen, Pistazienholz, Tamarisken, Pappeln, Pinien«, und in einem Bericht desselben Königs über die Tribute Phöniziens erscheinen »Ebenholz, Buchsbaumholz, Zähne des Nahiru (eines Seetiers)«[113]. Besonders interessant für unsern Zusammenhang ist, daß die 721 in Samaria, der Hauptstadt Israels, gemachte Beute nach einem Bericht des Königs Sargon auch »die Götter, auf die sie (Israel) vertrauten«, einschloß. Das ist ein deutlicher Hinweis auf die Vielgötterei in Israel, wie Wiseman (Nil S. 61) mit Recht notiert. Von da her wird noch einmal das

109 Vgl. Luckenbill S. 46 f; 100; 196 ff; Meißner Könige S. 128; 145; Moortgat Sp. 1497; Olmstead S. 52; Parrot S. 120 f; Weidner Ninos Sp. 640 f. Die Jahreszahlen schwanken für das 2. Jahrtausend noch ziemlich.

110 Olmstead S. 147.

111 Moortgat Sp. 1497.

112 Parrot S. 167. Vgl. Speiser Sp. 551; Wiseman Nil S. 52; Wolff Studien S. 50;f; Hallo S. 46; 64. Eerdmans S. 175 nimmt eine solche Größe erst für das 7. Jhd. v. Chr. an.

113 Wiseman Stela S. 39; Parrot S. 125.

Bild der Zeitgeschichte bestätigt, das wir oben in Abschnitt I B für Jona skizziert haben. Nachdem Ninive um 650 v. Chr. seine herrlichste politische und künstlerische Blüte erlebt hatte, als selbst Ägypten den Assyrern untertan war, fiel es unerwartet schnell in die Hände der neubabylonischen und medischen Eroberer. 612 wird die Stadt völlig zerstört, die anderen assyrischen Städte erleiden dasselbe Geschick, Assyrien wird entvölkert: »der Haß gegen Assyrien tobte sich furchtbar aus« (von Soden Sp. 655).

Viele Jahrhunderte später erlebte die Geschichte Assyriens jedoch ein höchst merkwürdiges Nachspiel. Auf seinem Gebiet bestand im 1. Jhd. n. Chr. ein Kleinstaat namens Adiabene. Das Königshaus von Adiabene trat nun um die Mitte des 1. Jhds. zum Judentum über[c]. Freilich steht dieses Ereignis in keinem Zusammenhang mit Jonas Auftreten in Ninive. Aber es mutet über die Entfernung vieler Jahrhunderte hinweg doch wie ein Nachhall jener Beziehungen zwischen Israel und Assyrien an (vgl. Hallo S. 61).

[c] Mt 23,15

Exkurs: NINIVE, BABEL UND SODOM

Vergleicht man im biblischen Zusammenhang Ninive mit der Nachbarstadt Babel oder auch mit Sodom und Gomorra, dann kann man eine höchst erstaunliche Beobachtung machen. In Babel = Babylon und ähnlich in Sodom bzw. Gomorra verkörpert sich gewissermaßen die Geschichte des Bösen. In Babel ist es gewesen, wo vor der Berufung Abrahams die Sündengeschichte der Menschheit noch einmal einen Höhepunkt erreichte, als man dort um den Turm eine widergöttliche Einheit der Menschen sammeln wollte[a]. Dann war es das neubabylonische Reich, das unter seinem Herrscher Nebukadnezar Jerusalem zerstört und die heiligen Geräte des Tempels in einen Götzentempel entführt hat. Die babylonische Gefangenschaft bedeutet einen der tiefsten Einschnitte und Brüche in der Geschichte Israels, der bis in die Welt der Psalmen sich ausprägt[b] und der noch dem Evangelisten Matthäus hilft, die Heilsgeschichte zu gliedern[c]. Von eben dieser Gefangenschaft an wurde Babylon ein geistliches Symbol. Wenn Petrus in 1 Pt 5,13 von »Babylon« aus grüßt, so benutzt er dabei vielleicht einen Decknamen für das böse Rom. In der Offenbarung des Johannes ist Babylon der zusammenfassende Name für das widergöttlich Verführerische in der Geschichte und seine letzte endzeitliche Ausgestaltung[d]. Entsprechend wurde Sodom neben Ägypten in der Johannesoffenbarung zum geistlichen Namen der widergöttlichen Stadt[e]. Während Babylon, Sodom und Ägypten auf diese Weise zu geschichtsübergreifenden symbolischen Größen wurden,

[a] 1Mo 11,1ff
[b] Ps 137
[c] Mt 1,11–17
[d] Offb 16,19; 17; 18
[e] Offb 11,8

fällt bei Ninive auf, daß eben dies nicht der Fall war. Vielmehr bleibt Ninive sowohl im Alten wie im Neuen Testament der geschichtliche Name einer Stadt, die stellvertretend für ganz Assyrien stehen kann. Es wird in der Bibel niemals ein symbolischer Name. Ja, mehr noch, wo im NT von den Leuten von Ninive die Rede ist, da geschieht das ausgesprochen positiv, indem Jesus die geschichtliche Bußbewegung Ninives als Vorbild für Israel heranzieht[f]. Wie kommt es, daß Ninive und Babylon später so verschieden bewertet wurden, obwohl beide den Staat Israel bzw. Juda zerstörten? Die Antwort liegt in der Bußbewegung, die durch Jonas Predigt entstand, und die wir im Folgenden betrachten[114].

[f] Mt 12,41 Lk 11,30ff

3. Ninives Buße, 3,4–9

4 **Und Jona fing an, in die Stadt hineinzugehen, eine Tagereise weit,**
und rief und sprach: »Noch vierzig Tage, und Ninive wird umge-
5 **wendet!« * Da glaubten die Niniviten an Gott und riefen ein Fa-**
sten aus und zogen Bußgewänder an, von den Großen bis zu den
6 **Kleinen. * Die Sache hatte nämlich den König von Ninive er-**
reicht. Darauf erhob er sich von seinem Thron und legte seinen
Mantel ab und hüllte sich in ein Bußgewand und setzte sich auf
7 **den Staub (oder die Asche). * Und er rief zusammen und sagte in**
Ninive gemäß dem Edikt des Königs und seiner Großen: »Die
Menschen und das Vieh, das große Vieh und das Kleinvieh: nicht
sollen sie etwas genießen, nicht sollen sie weiden und Wasser sol-
8 **len sie nicht trinken! * Sondern sie sollen sich in Bußgewänder**
hüllen, die Menschen und das Vieh, und zu Gott rufen mit Gewalt.
Und jeder soll umkehren von seinem bösen Wege und vom
9 **Frevel seiner Hände. * Wer weiß, ob Gott sich nicht bewegen läßt**
und es ihm leid tut und er von seinem brennenden Zorn umkehrt,
so daß wir nicht zugrunde gehen.«

Wollen wir hier die zeitliche Reihenfolge einhalten, dann müssen wir Vers 5 nach V. 9 einordnen. Denn aufgrund einer Eigenart der hebr. Erzählweise wird das Ergebnis der Jonapredigt in V. 5 vorangestellt und erst danach der Verlauf im einzelnen geschildert. Wir gehen also bei der Erklärung entsprechend unserer abendländischen Denkweise so vor, daß wir nach V. 4 die Verse 6–9 erklären und V. 5 als die Zusammenfassung an den Schluß stellen.

V. 4 erzählt anschaulich, wie Jona von der Randzone des Stadtbe-

[114] Der geschilderte Sachverhalt widerspricht noch einmal der These, Jona sei eine spät geschriebene Legende.

zirks her **»anfing, in die Stadt hineinzugehen«**. D. h. er dringt im Ver- 4
lauf eines Tages – **»eine Tagereise weit«** – gegen die Mitte der Stadt hin vor, vermutlich in Richtung auf den im Exkurs beschriebenen Kujundschik, den Moortgat die einstige »Zitadelle der Stadt« nennt (Sp. 1497). Dort befanden sich ja die Tempel der ninivitischen Hauptgöttin Ischtar und des Gottes Nabu samt den königlichen Palästen.

Die zentrale Aussage seiner prophetischen Predigt lautet: **»Noch vierzig Tage, und Ninive wird umgewendet!«** Dasselbe hebr. Wort für »umwenden« findet sich in Hiob 28,5.9, wo man in Bergwerken die Erde um- und durchwühlt, vor allem aber in der verwandten Stelle 1 Mo 19,25, wo es das Umstülpen, das totale Zerstören Sodoms und Gomorras aussagt. Übrigens entdeckten wir ja schon oben bei der Wendung »ihre Bosheit ist vor mich aufgestiegen« (Jona 1,2) eine
Verwandtschaft Ninives mit Sodom und Gomorra[a]. Man hat nicht [a] 1Mo 18,21
ohne Grund vermutet, daß die letztgenannten Städte durch ein Erdbeben, verbunden mit einer Feuerkatastrophe, untergingen. So deutet offenbar auch unser V. 4 auf eine nahe Erdbebenkatastrophe. Wie ein Spaten das Unterste zu oberst wendet, so will Gott mit Ninive verfahren.

Wir verstanden die Ankündigung Jonas in V. 4 als eine zentrale Aussage, als einen Spitzensatz, so wie sich Jesu Predigt in Mk 1,15 in 2 knappen Sätzen zuspitzen ließ. Das bedeutet natürlich nicht, daß Jona immer nur diesen Satz – im Hebr. 5 Worte – wiederholt hätte. Nur begnügt sich auch da der Bericht mit dem Wesentlichen. Wir können ferner annehmen, daß Jona aramäisch sprach und diese bekannte Sprache des Nahen Ostens in Ninive verstanden wurde[115]. Eine Angabe fehlt allerdings, weil sie der Bericht als etwas Selbstverständliches voraussetzt. Jona muß V. 2 entsprechend von Gott über das unterrichtet worden sein, was er in Ninive zu sagen hat.

»Vierzig Tage« sollte es demnach bis zum Gericht über Ninive dauern. Die Zahl 40 hat zunächst realen Charakter, wenngleich man sich auch hier hüten muß, die Zeit mathematisch zu pressen. Daneben trägt die Vierzig auch einen symbolischen Charakter. In dieser Hinsicht bezeichnet sie oft eine Warte- oder Bußzeit oder eine Zeit der Zurüstung. So mußte Israel 40 Jahre in der Wüste warten, währenddes-
sen es mit Manna gespeist wurde[b]. Vierzig Tage blieb Mose auf dem [b] 2Mo 16,35; 4Mo 14,33
Sinai, um das göttliche Gesetz zu empfangen[c], und in 40 Tagen wan- [c] 2Mo 24,18
derte Elia nach göttlicher Stärkung zum selben Berg (in 1 Kö 19,8 Ho- [d] Mt 4,2
reb genannt). Jesus fastete 40 Tage, um danach vom Teufel versucht [e] Apg 1,3
zu werden[d], und 40 Tage vergingen zwischen Ostern und Himmel-

[115] Zum Sprachproblem vgl. Bowman S. 73 ff.

fahrt[e]. Die alte Kirche fastete in einem Zeitraum von 40 Tagen vor dem Osterfest, und noch heute kennt die katholische Kirche diesen Brauch. Wir werden den Sinn der 40 Tage in Jona 3,4 als eine göttliche Bußfrist verstehen dürfen, während deren Ninive Gelegenheit zur Umkehr hat.

6 **»Die Sache hatte nämlich den König von Ninive erreicht«.** Über den Ausdruck **»König von Ninive«** ist schon in Abschnitt I B gesprochen. Es handelt sich um eine vereinfachte Wendung, vergleichbar dem »Kaiser von Wien« o. ä. Gemeint ist der König von Assyrien, der sich zu jener Zeit in Ninive aufhielt. Jonas Verkündigung muß wie ein Blitzstrahl in die politisch gedrückte (s. Abschnitt I B) und religiös vom Ischtarkult geschwängerte Atmosphäre Ninives hineingefahren sein. Offenbar hatten die Menschen ein Ohr, um das Gewisse und mehr als menschlich Garantierte aus Jonas Predigt herauszuhören. Was Jona sagte, betraf sie alle. So wird seine Botschaft und sein Auftreten als **»Sache«** von Bedeutung – übrigens benutzt das Hebr für »Sache« und »Wort« denselben Ausdruck – sofort dem König mitgeteilt. Eine solche Meldung konnte nicht jeder Hergelaufene zu jedem beliebigen Augenblick machen, sondern sie wird feierlich in der königlichen Residenz überbracht. Vielleicht geschah dies sogar durch den obersten Verantwortlichen in der Stadt. Darum finden wir hier den König auf seinem Thronsessel sitzend.

Neben der allgemeinen Bedeutung der Sache hat es aber noch einen speziellen Grund, weshalb man sich mit der Meldung zum **»König«** begab. Der König von Assyrien war nämlich kraft Amtes auch der Hohepriester des Staatsgottes Assur, der neben Ischtar u. a. in Ninive verehrt wurde. Es fällt ja auf, daß im ganzen gegenwärtigen Abschnitt niemals ein Priester erwähnt wird! Das ist eben darin begründet, daß der König zugleich priesterliche Funktionen erfüllt. Er ist, wie der französische Gelehrte Dhorme formulierte, »wirklich der Mittler zwischen Gott und den Menschen, oder zwischen den Menschen und Gott« (S. 282). So veranstaltete der assyrische König Gottesdienste und befragte die Götter, bevor er zu Felde zog. Ja, er führte die Kriege namens des Staatsgottes Assur. Daher kommt es, daß die besiegten und unterworfenen Fürsten den assyrischen Staatsgott als ihren eigenen Gott anerkennen mußten. Von daher fällt z. B. ein überraschendes Licht auf das Handeln des judäischen Königs Ahas, der den Priester Uria in Jerusalem nach den assyrischen Maßen einen neuen Altar errichten ließ[f]. Die enge Verbindung der assyrischen Könige mit dem Götterkult ergibt sich auch daraus, daß man die Götter so abbildete, als seien sie Könige[116].

[f] 2Kö 16,10ff

Wir besitzen einen interessanten Text, der kurz vor der Zeit Jonas die priesterliche Rolle der Könige zu zeigen geeignet ist. Unter dem assyrischen König Adadnirari II., 809–782 v. Chr., hat sich in der Provinz Guzana (biblisch Gosan), im Gebiet des oberen Euphrat[117], ein Unheil ereignet, vielleicht eine Mißernte oder eine Überschwemmung. Darauf meldet der Gouverneur der Provinz den Vorgang dem König Adadnirari II. und fragt zugleich an, was man tun solle. Die Ausgrabungen von Tell Halaf überliefern uns folgende Antwort des Königs: »Du und die Leute deines Landes, drei Tage vor Adad (dem Wettergott) weinet Tränen des Antlitzes und betet! Euer Land, eure Flur entsühnet! Brandopfer verbrennet! Den Sühneritus des naharkani-Hauses möge man anstellen. Die Nachsicht Adads stellet her!«[118] Diese religiöse Anordnung führt uns offensichtlich in dieselbe geistige Welt, wie sie uns im dritten Jonakapitel entgegen tritt.

Nach der Meldung liegt jetzt die Entscheidung über die Aufnahme der Jonapredigt beim König als der politisch und religiös beherrschenden Persönlichkeit. Von ihm hängt der Fortgang der Dinge in Ninive ab. Was wird er tun?

»Darauf erhob er (der König) **sich von seinem Thron und legte seinen Mantel ab und hüllte sich in ein Bußgewand und setzte sich auf den Staub.«** Vorweg ist eines deutlich: der König nimmt Jonas Predigt als eine Botschaft von Gott ernst. Der König beugt sich vor der Ankündigung des Gerichts über Ninive. Darum handelt er zuerst als der oberste Priester seines Landes. Das politisch und religiös zugleich gefaßte Edikt folgt erst später. Indem er jetzt anschaulich Buße tut, soll davon die Buße ganz Ninives ausgehen, sein Beispiel soll für alle maßgeblich sein. Seine sämtlichen symbolischen Handlungen zeigen Schuldanerkenntnis und Beugung vor dem Gott an, der Jona nach Ninive geschickt hat. Das Verlassen des **»Thrones«** und die Ablegung des **»Mantels«**, des königlichen Purpurgewandes, sind Ausdruck der Demütigung und Erniedrigung, ja der Unterwerfung unter Gott. Das **»Bußgewand«**, auch sonst bei priesterlicher Tätigkeit in ähnlichen Fällen getragen und daher nahe greifbar, ist das hebr. sak, aus dem es ins Deutsche als »Sack«, z. B. in der Wendung »in Sack und Asche Buße tun«, einwanderte. Das assyrische Wort dafür, sakku, lautet fast gleich. Unter diesem »Sack« ist ein Stück härenes Zeug zu verstehen, das man um die Hüften trug und bei Anlässen der Trauer anzog. Hier kennzeichnet es die Trauer über die ins Gericht führenden Sünden. Der **»Staub«** ist ein Zeichen des Eitlen und der Vergänglichkeit, ja geradezu der Nichtswürdigkeit vor Gott, freilich auch einer Nichtswür-

116 Vgl. Gadd S. 30; Dhorme S. 102; Oppenheim S. 295; Tallqvist S. 15; 93 f; Wiseman Nil S. 68.

117 Dort wohnten später die von den Assyrern weggeführten Israeliten (2 Kö 17,6; 18,11).

118 Nach Weidner Tell Halaf S. 14; vgl. Schrank S. 46 ff.

digkeit, die nach dem Erbarmen des Ewigen und Überlegenen schreit. Das entsprechende hebr. Wort ließe sich auch mit **»Asche«** übersetzen. Der Sinn würde sich damit nicht ändern.

Der moderne Leser hat es nicht leicht, zu diesen sinnfälligen Handlungen einen Zugang zu finden. Im Verlauf der kirchlichen Entwicklung wurden solche Vorgänge wie Anerkennung der Schuld, Buße o. a. immer mehr in die Innerlichkeit verlegt. Es fragt sich jedoch, ob sie dadurch wahrhaftiger geworden sind. Zwar geschieht das echte Gespräch mit Gott nach dem NT »im Geist und in der Wahrheit« (Jo 4,24). Aber wir müssen aufpassen, daß wir nicht zweitrangige Zeremonien mit dem notwendigen leibhaften Ausdruck des Glaubens verwechseln. Wo solche falschen Verwechslungen passieren, wird unser Glaube leicht intellektualisiert, d. h. er flüchtet in eine Geistigkeit und geheimnisvolle Verschlossenheit, die ihn aus der Wirklichkeit des Lebens entläßt. Die Folge ist oft ein rascher Umschlag ins andere Extrem: wer sich vom Gemeindeleben fernhielt, wird ungeahnt schnell zum fanatischen Parteigänger einer Sekte, der Intellektualist ebenso schnell zu einem emotionalen (gefühlsbestimmten) Schwärmer. Die Handlungen, die der König in Ninive öffentlich vollzog, erinnern daran, daß nach einer Aussage des Römerbriefs nicht schon gerettet ist, wer »von Herzen glaubt«, sondern wer auch »mit dem Munde bekennt« (Rö 10,10). So findet auch heute lebendiger Glaube seinen äußeren leibhaften Ausdruck in Bekenntnis der Lippen, in der Zugehörigkeit und Mitarbeit in der Gemeinschaft der Glaubenden, im Gebrauch des Abendmahls, im Tun des göttlichen Willens, um einige Beispiele zu nennen. Gerade die Buße erweist ihre Echtheit nach dem Matthäusevangelium an ihren »rechtschaffenen Früchten« (Mt 3,8). Der König Assyriens bleibt also darin vorbildlich, daß er mit allen ihm möglichen Mitteln auch öffentlich kundgab, daß er durch Jonas Predigt innerlich getroffen wurde.

7 Nachdem der König durch sein Beispiel die Umkehrbewegung eingeleitet hat, erfolgt die Unterrichtung des Volkes. Das Volk war ja nach den damaligen Auffassungen religiös unmündig. Es brauchte den königlichen Hohenpriester als den »Mittler zwischen Gott und den Menschen«. Wahrscheinlich geschah die Unterrichtung in einer großen Versammlung. Zwar übersetzt der Luthertext in V. 7 mit »er ließ ausrufen und sagen«. Dann wären Herolde durch die Stadt gezogen. Die genauere Übersetzung dürfte jedoch die von uns gewählte sein: **»er rief** (das Volk) **zusammen und sagte«.** Die hebr. Wortform, die dem deutschen **»er rief zusammen«** zugrunde liegt, begegnet uns nämlich auch in Ri 4,10 und 4,13, wo sie ganz prägnant das Zusammenrufen des Heerbanns bedeutet. Dasselbe bedeutet das hebr. Wort in 2 Sam 20,4.5. In Hiob 35,9 und Sach 6,8 heißt es wohl »herzuru-

fen«. So liegt es näher, daran zu denken, daß der König seine Anordnung in einer Versammlung bekanntgeben läßt.

Die Bekanntgabe erfolgte **»gemäß dem Edikt des Königs und seiner Großen«**. Vermutlich gehören diese Worte als Einleitung schon dem Edikt selbst an. Sie lauten jedenfalls wie eine offizielle behördliche Formel. Duhm spricht vom »Amtsstil« (S. 202). Dabei ist das hebr. Wort für Edikt = Anordnung ein Lehnwort aus der babylonisch-assyrischen Amtssprache. Interessant ist die Nennung der **»Großen«** neben dem König. Wir haben hier einen Hinweis auf die Verfassung Assyriens. Wie die Forschung feststellte, war der assyrische König kein absoluter Alleinherrscher, sondern regierte unter Mitwirkung des Adels. Assyrien hatte also eine teilweise aristokratische Verfassung. Je nach der Autorität des regierenden Königs entwickelte sich der Einfluß des Adels. Auch der »Tartan« und der »Rabschake« (Titel!), von denen das AT berichtet und denen offenbar die Kriegführung weithin selbständig übertragen worden war, scheinen aus diesen Kreisen zu kommen[g]. Unter den **»Großen«** unseres Edikts sind demnach die adeligen Mitglieder des königlichen Ratskollegiums zu verstehen.

[g] 2Kö 18,17ff; 19,8 Jes 36,2ff

Den nachdenklichen Leser des Jonabuches mag es seltsam berühren, daß die allgemeine Umkehr gewissermaßen durch ein Edikt befohlen wird. Demgegenüber ist an zweierlei zu erinnern. Erstens steht der König als Verkörperung des Volkes vor uns. Auch Israel verkörperte sich in seinem König, so daß dessen Sünden Strafe für ganz Israel bzw. Juda zur Folge hatten. Hier gibt es eine Stellvertretung durch den obersten Repräsentanten. Die höchste Zuspitzung dieses biblischen Repräsentanzgedankens finden wir dann im Neuen Testament, wo dem Glied der Gemeinde Jesu alles angerechnet wird, was Jesus getan und erworben hat. Deshalb kann Paulus von Jesus Christus sagen, er »ist uns gemacht von Gott zur Weisheit und zur Gerechtigkeit und zur Heiligung und zur Erlösung« (1 Kor 1,30). Entsprechend bilden König und Volk in Ninive eine Einheit, und das Edikt ist das übliche Mittel, diese Einheit auch in religiöser Hinsicht herzustellen. Zweitens ist noch einmal in Erinnerung zu rufen, daß das Volk den hohenpriesterlichen Mittler in Gestalt des Königs brauchte, weil nach damaliger Auffassung in solchen Fällen eine direkte Verbindung des einzelnen mit den Göttern oder Gott selbst nicht möglich war. Wir sollten daher das Edikt nicht als unbeliebte Zwangsmaßnahme auffassen, sondern als Antwort auf die quälende Frage aller nach der Jonapredigt: Was sollen wir tun?

Die königliche Anordnung nennt einen vierfachen Weg, um Gott zur Verschonung zu bewegen: Fasten, Bußkleidung, Gebet und Umkehr von der Sünde. Mindestens die ersten drei Wege waren der babylonisch-assyrischen Religion auch sonst bekannt, um den Zorn der Götter abzuwenden[119]. Aber die Verbindung mit der Forderung der Umkehr von den Sünden gibt der Bewegung jetzt einen besonderen Ernst. Man wird auch sagen dürfen, daß die Niniviten eben alles ihnen Mögliche und Bekannte einsetzen, um Gnade bei Gott zu gewinnen. Vergleicht man andererseits das Verhalten der Niniviten mit dem alttestamentlichen Gottesvolk, so ergibt sich, daß alle die im Edikt bezeichneten Wege auch im AT vorkommen. Daraus läßt sich etwas sehr Wichtiges lernen. Der Unterschied zwischen Israel und den Heiden liegt selten in den äußeren Gebräuchen, wie z. B. Fasten, Gebet, Opfer, als solchen, sondern vielmehr in der Ausrichtung auf den einen lebendigen Gott, der sich offenbart, auf der einen Seite (Israel) und der Ausrichtung auf die selbstgemachten Götzen, die sich nicht offenbaren können, auf der anderen Seite (Heiden). Ob der lebendige Gott sich offenbart, daran hängt noch für uns Christen alles! Und eben Gottes Offenbarung und Botschaft durch Jona bringt Ninive von der Seite des Götzenkultes auf die Seite der Anbetung des wahren Gottes.

Wir wenden uns jetzt den einzelnen Teilen des Ediktes zu. Als erstes wird ein allgemeines Fasten gefordert. Nahrung, Weide und Wasser sind hier einbezogen: **»Die Menschen und das Vieh, das große Vieh und das Kleinvieh: nicht sollen sie etwas genießen, nicht sollen sie weiden, und Wasser sollen sie nicht trinken!«** Das Fasten ist in Assyrien wie in Israel ein Ausdruck des Ernstes, mit dem der Mensch alles Irdische bewußt auf die Seite stellt und allein Gott sucht. Sehr klar kommt dies z. B. 2 Sam 12,16 zum Ausdruck: »David suchte Gott und fastete.« So unterstützte das Fasten vor allem das Gebet[h]. Im NT setzt sich diese Linie fort, z. B. in dem bekannten Wort Jesu: »Diese Art kann durch nichts ausfahren als durch Beten und Fasten« (Mk 9,29). Auch in den Gemeinden des Paulus[i] und später in der Kirche wurde das Fasten im genannten Sinne geübt. Der Rückgang des Fastens vor allem in den reformatorischen Kirchen hängt mit deren Abneigung gegen äußere Handlungen zusammen, die man oft als Gewohnheit oder gesetzlich empfand. Vielleicht entdecken wir heute neu die Hilfe, die sich hier im Blick auf die Sammlung im Gebet und die Sammlung zu Gott bietet.

[h] Ps 35,13 Jes 58,3 Jer 14,12
[i] 1Kor 7,5

Das Jonabuch macht keine Angaben über die Dauer des Fastens in Ninive. Bei längerer Dauer können wir davon ausgehen, daß eine besondere Fastenspeise erlaubt wurde – sei es durch ein zweites Edikt oder einfach nach dem üblichen Brauch des Fastens. Vor allem das

[119] Vgl. Schaumberger S. 130 f; Schrank S. 69 ff.

Verbot des Trinkens hätte sonst bald das Leben der Menschen und Tiere gefährdet.

Merkwürdig kommt uns das *Fasten und die Bußgewandung der* 7/8
Tiere vor. Es wird sogar genau geregelt, diese gelte für **»das große Vieh und das Kleinvieh«**, wobei Rinder, Pferde und Esel zum Großvieh, Schafe und Ziegen zum Kleinvieh zählen. Aber die Erstreckung einer religiösen Übung auf das Vieh ist im Altertum keine Seltenheit. So scheren die Perser nach dem Verlust eines Feldherrn den Pferden und Tragtieren die Haare. Alexander der Große läßt nach Hephästions Tod die Tiere mit trauern[120]. In die Welt des Jonabuches führt uns eine assyrische Anordnung aus dem Jahre 687 v. Chr.: Am Tage, da der Skorpionsstern als Unglücksstern erscheint, »soll der Mensch drei Tage lang nachts sein ganzes Haus, Mensch, Rind, Schaf und Esel aufbieten, nicht schlafen und zu Lisigum (dem Skorpionsstern) beten«, damit kein Unglück geschieht[121]. Wir beachten, daß nach biblischem Zeugnis der Fluch der Sünde des Menschen auch die andern Geschöpfe Gottes traf und darum »alle Kreatur sehnet sich mit uns und ängstet sich noch immerdar« (Röm 8,22). Tiere werden im Gesetz
Moses wegen Tötung eines Menschen bestraft[k]. Der Noahbund wird [k] 2Mo 21,28ff
ausdrücklich auch auf die Tiere ausgedehnt[l]. Die biblischen Schriften [l] 1Mo 9,9ff
kennen also den Zusammenhang der ganzen Schöpfung mit dem Menschen: »die Schöpfung . . . ist an das Schicksal des Menschen gebunden«, wie Michel zur Römerbriefstelle sagt (S. 203).[122] Die Erlösung vollendet sich von Christus über den Menschen bis hin zur ganzen belebten und beseelten Schöpfung. Ein Ahnen und Rechnen mit diesen Zusammenhängen treffen wir auch im assyrischen Heidentum. Ninives Untergang mußte alle seine Geschöpfe vernichten, wie 4,11 noch einmal hervorhebt. Der assyrische König tut also nichts Törichtes, sondern will den Schrei aller Geschöpfe zum Schöpfer vereinen und kommt damit nahe an biblische Einsicht. Zuletzt sei noch auf das apokryphe Judithbuch verwiesen, das in 4,10 ein jüdisches Fasten erwähnt, wobei ausdrücklich die Tiere mit einbezogen sind.

Von der **»Bußgewandung«** war schon oben bei der Erklärung von 8
V. 6 die Rede. Die Bedeutung, die sie für den König hatte, gilt jetzt entsprechend für alle Niniviten.

Als Drittes ordnet das Edikt an, man solle **»zu Gott rufen mit Gewalt«**. Für **»Gott«** steht hier und V. 9 die hebr. Bezeichnung »Elohim«. Bereits beim Bekenntnis Jonas vor der Schiffsbesatzung in 1,9 konnten wir feststellen, daß das AT den Gottesnamen »Elohim« be-

[120] Herodot IX, 24; Plutarch Aristid. 14; Alex. 72; Pelop. 33; Wade S. 137.
[121] Nach Schaumberger S. 133 f.
[122] Vgl. Jes 11,6 ff; Offb 19,18; Joe 1,18 ff; Ps 104,27 ff.

vorzugt dort gebraucht, wo vom Schöpfer die Rede ist oder der Israelit Nichtisraeliten gegenüber von Gott spricht. Diese Beobachtung bestätigt sich auch am dritten Jonakapitel. Wo Jona mit seinem Herrn redet, da wird Gott mit den Namen »Jahwe« bezeichnet, den Gott selbst dem Mose offenbarte[m]. So z. B. in V. 1 und V. 3. Wo aber der Schöpfer im Blick ist oder die Niniviten zu Wort kommen, heißt Gott stets »Elohim«. Dasselbe gilt für das vierte Kapitel. Der Name »Elohim« ist also für das Jonabuch der allgemeinere und distanziertere. Vielleicht hat Jona den Namen »Jahwe« den Niniviten gegenüber gar nicht genannt.

[m] 2Mo 3,14

Über die *Gebete* der assyrischen Religion, auch über Bußzeremonien, Klagelieder, Bußpsalmen, unterrichten uns eingehend die aufgefundenen Texte[123]. Man betete für sich, für die Familie und Verwandten, für den König und die Stadt; vorwiegend für irdische Güter freilich, für langes Leben, Glück, dauernde Macht, Fruchtbarkeit usw. Aus der Zeit Tiglatpilesers III. (746–728) besitzen wir die Darstellung einer Prozession, wobei die Beteiligten mit aneinander gelegten Händen, die bis zur Kinnhöhe erhoben sind, schreiten. Offenbar spielte das Gebet in den öffentlichen Gottesdiensten eine große Rolle[124]. Das Edikt dürfte vor allem solche öffentlichen Gottesdienste im Auge gehabt haben. Wir geben hier noch einen alten, sumerisch-babylonischen Text: »Gottesfurcht erzeugt Wohlergehen, Opfer verlängert das Leben, und Gebet löst Sünde«[125]. Erstaunlich ist die Höhe der Erkenntnis und die Nähe zum AT. Man bemerkt in den Gebetstexten aber auch das Rechnen mit einer fast mechanischen Wirkung des Gebets und das Fehlen der persönlichen Gottesbeziehung.

Aber nun fällt auf, daß bestimmt wird, das Gebet solle **»mit Gewalt«** geschehen. Darin spiegelt sich wiederum der erkannte Ernst der Situation. Man soll sich jetzt mit der äußersten Hingabe, an allem anderen verzweifelnd und ausschließlich an den Gott klammern, von dessen Gerichtsdrohung Jona gesprochen hat. Der König und seine Ratgeber sehen sonst keine Hilfe. Man wird hier an Jakobs Ringen bei der Jabbok-Furt erinnert, der vor der entscheidenden Begegnung mit Esau zu dem Gottesengel sagt: »Ich lasse dich nicht, du segnest mich denn« (1 Mo 32,27). Wir kennen ein solch heftiges, drängendes Gebet, das um Verlorensein weiß, wenn Gott schweigt, aber auch aus dem NT. Dort verbindet Jesus gerade ein derartiges Gebet mit göttlichen Verheißungen, z. B. in den Gleichnissen vom bittenden Freund

[123] Vgl. hier Dhorme S. 251 ff; Meißner Kultur S. 53 ff; Oppenheim S. 283; Schaumberger S. 129; Schmökel Kulturgeschichte S. 286.
[124] Vgl. Gadd S. 48; Dhorme S. 258.
[125] Nach Schmökel Kulturgeschichte S. 298.

oder von der Witwe beim ungerechten Richter[n]. Besonders an der Geschichte von der kanaanäischen Frau in Mt 15,21 ff wird deutlich, wie Gottes Barmherzigkeit sich auch den Heiden zuwendet, wenn sie in ihrer Not **»mit Gewalt«** zu ihm flehen.

[n] Lk 11,5ff; 18,1ff

Der König begnügte sich nicht mit Fasten, Bußgewand und Gebet. Er kommt nun viertens auf die Abkehr von der Sünde zu sprechen. Die Anordnung lautet zum Schluß: **»Und jeder soll umkehren von seinem bösen Wege und vom Frevel seiner Hände.«** Damit ist ein zentraler Punkt berührt, ja, das Edikt kommt hier auf den innersten Punkt. Buße, Umkehr, ist ohne Abwendung vom alten Leben nicht zu denken. Das Edikt meint auch tatsächlich, daß die Niniviten das bisherige Leben aufgeben sollen. Sie sollen sich ganz auf den Gott ausrichten, der die Macht hat, Ninive entweder zu richten oder zu retten. Dabei ist ein Empfinden für das, was Sünde und Schuld bedeutet, vorausgesetzt. In der Tat trifft man ein solches Empfinden, wenn auch im einzelnen verschieden ausgeprägt, bei allen Menschen[o]. Der Atheismus ist ein spätes Kunstprodukt. Aber ohne Offenbarung des göttlichen Willens blieb das Heidentum unsicher, und es fehlte ihm die persönliche Gewißheit und Geborgenheit.

[o] Rö 2,15f

Man muß ohne Zweifel anerkennen, daß das Edikt nicht nur von Gott Hilfe heischt, sondern eindeutig die eigene Schuld enthüllt und damit das anpackt, was uns am tiefsten von der Gnade Gottes scheidet. Gerade hierin hat es auch der Gegenwart etwas zu sagen. Oft begegnet es uns, daß Menschen zwar noch beten[126] – die wenigsten beten überhaupt nie! –, aber die Gebete nur noch um die göttliche Hilfe in Notfällen kreisen. Ist die Hilfe eingetroffen, z. B. nach Krankheit oder familiärer Not, dann geht das alte Leben weiter, bis man wieder ohne »Notrufsäule« nicht weiterkommt. Schweigt aber Gott, weil er mehr als ein gelegentlicher Nothelfer sein will, dann verwandeln sich die Gebete in Vorwürfe, und man behauptet endlich, Gott antworte ja doch nie.

Trotz Kapitel 4,1 ff wäre zu erwägen, ob der König und seine Räte in ihrem Edikt nicht Gedanken Jonas aufgenommen haben. Es wäre doch ein wenig seltsam, wenn sie diesen Propheten überhaupt nicht befragt hätten.

Ungefähr sehen wir noch hinein in die ninivitischen Taten und Zustände, die der Bericht ihre **»bösen Wege«** und **»Frevel ihrer Hände«** nennt und die Ninive nach dem Urteil eines Gelehrten zu einem »Inbild der Gottlosigkeit und Unmenschlichkeit« machten (Knoch S. 16). Wir wiesen schon auf die im ganzen Orient gefürchtete Grausamkeit der assyrischen Kriegführung hin. Assyrische Reliefkunst hat Szenen

[126] So bekennt Assurnasirpal I. (1052–1033) seine Schuld im Gebet, Schmökel Ur S. 125.

festgehalten, wie besiegten Generälen der Kopf abgeschlagen wird, Gefangene ins Exil rollen, Schreiber die Beute abzählen, Feinde lebendig gepfählt werden[127]. Vielleicht zum ersten Mal wenden die Assyrer die Massendeportation als bewußtes Mittel zur Sicherung des Reiches an, d. h. die Umsiedlung ganzer Völkerteile, die dann in fremder Umgebung zu einem leichter regierbaren Mischvolk verschmelzen. So wurden später die Stämme des Nordreichs ausgelöscht und die Mischbevölkerung der Samariter in Nordisrael geschaffen[p]. Wir geben hier noch ein Preislied auf Tiglatpileser I. (1116–1078) wieder: »Einen Weg von drei Tagen marschierte er vor. Vor Aufgang der Sonne war Glut ihre (der Feinde) Erde, zerfetzte er der Schwangeren Bäuche, durchbohrte er der Schwachen Leib. Den Mächtigen schnitt er die Hälse ab, im Rauch ihres Landes starben die Männer – ein Trümmerhaufen, wer sündigt an Assur! Laßt mich singen von Assurs Sieg, des Mächtigen, der da zieht zum Kampf, in aller Welt den Sieg erringt.«[128] Wir besitzen Texte, die ein Licht auf die Ausbeutung der eroberten Provinzen werfen. Schwerer Steuerdruck lastete auf der Bevölkerung. Ein Beispiel staunenerregender Tributhöhe findet sich 2 Kö 15,19 (Menahem von Israel an Tiglatpileser III. = Pul). Gravierend war die Trunksucht, auch unter dem Militär. Eigenartig mutet in der »heiligen Stadt« Ninive die Rolle der Prostitution und die Verwüstung der Geschlechtsmoral an[129]. Und doch hing gerade dies aufs engste mit dem Kult der Göttin Ischtar zusammen, die die »Königin von Ninive« genannt wurde. Seit dem 3. Jahrtausend verehrte man sie dort nicht nur als Göttin des Krieges, sondern auch der Liebe. Sie »ist archäologisch und geschichtlich die älteste Gottheit, die uns auf assyrischem Boden begegnet« (Tallqvist S. 21). Der Kult der Liebesgöttin hatte zur Folge, daß man die Prostitution als heilige Einrichtung ansah. Eine niedere Klasse von Priesterinnen versah diesen »Dienst«. Wie verankert die Einrichtung war, zeigt uns der Name der heiligen Priesterdirne: sie nennt sich Kadischtu, »die Reine«. Hurerei und Trunksucht waren weiter insofern verbunden, als die Schenken wenigstens im Tempelbezirk den Priestern gehörten, die eine große wirtschaftliche Macht darstellten. Priesterinnen waren Wirtinnen in den Tempelschenken, »wo Unzucht und Trunksucht beisammen waren« (A. Jeremias S. 476). Die Grenze zur Straßenprostitution war fließend. Der Mann war in seinem Geschlechtsleben praktisch frei und dem Strafgesetz nicht unterworfen. Eine weitere Folge solcher

[p] 2Kö 15,29; 17,6; 17,24ff; 18,11

[127] Vgl. hier die ausgezeichneten Tafeln bei Gadd.
[128] Schmökel Ur S. 114.
[129] A. Jeremias S. 473: »Trunksucht und Laster verwüsten das Volksleben seit frühesten Zeiten«. Vgl. auch Oppenheim S. 296.

Zustände stellte die Perversität im Geschlechtsleben dar. Gerade bei den religiösen Volksfesten traf man Buhlknaben (biblisch »Hunde«), Päderasten (»Knabenschänder«) und Eunuchen (Verschnittene)[130]. Paulus hätte Römer 1,24 ff nach dem ninivitischen Vorbild schreiben können.

Blickt man auf diese Verfehlungen, dann fällt wiederum die Ähn- 9
lichkeit zwischen Ninive einerseits und Sodom bzw. Gomorra andrerseits auf[q]. Deshalb ist es verständlich, wenn auch die angekündigte Vernichtung gleich ist. Aber zwischen beiden bleibt der buchstäblich lebensentscheidende Unterschied, daß Ninive wirklich Buße getan hat. Darum kann Ninive dem Israel zur Zeit Jesu als Vorbild dienen, während Sodom zum geistlichen Symbol des Bösen wurde. Die Niniviten haben das einzige Mittel verlorener Sünder angewandt: sie kehrten ab von ihrer Sünde und stellten sich ganz in die Hand dieses allmächtigen, gnädigen, barmherzigen Gottes. An ihn hängte sich jetzt alle ihre Hoffnung: **»Wer weiß, ob Gott sich nicht bewegen läßt und es ihm leid tut und er von seinem brennenden Zorn umkehrt, so daß wir nicht zugrundegehen.«**

[q] 1Mo 8,16ff; 19

Wie bereits angedeutet, enthält V. 5 eine summarische Zusammen- 5
fassung dessen, was Jonas Predigt in Ninive bewirkte: **»Da glaubten die Niniviten an Gott und riefen ein Fasten aus und zogen Bußgewänder an, von den Großen bis zu den Kleinen.«** Der Bericht macht hier in schlichter Form klar, daß das königliche Edikt nicht nur äußere, sondern auch innere Befolgung fand. Die ganze Stadt greift auf, was der König durch sein persönliches Beispiel zum Ausdruck brachte. **»Von den Großen bis zu den Kleinen«** bezeichnet alle Einwohner, von den Bedeutendsten und Angesehensten bis hin zu den Geringsten. Unter der Drohung des Gerichts entsteht eine zahlenmäßig riesige und geistlich erstaunliche Erweckungsbewegung.

Wie tiefgreifend und umwälzend das Ereignis war, sieht man daran, daß der Bericht das Wort: sie **»glaubten«** verwendet. Das hebr. Wort für »glauben« entstammt derselben Wurzel wie das uns bekannte »Amen«. Es bedeutet das hingebende Vertrauen, mit dem man sich an den Betreffenden »anklebt«. Nicht anders beschreibt das AT das gehorsame Trauen Israels gegenüber seinem Gott. Die Bevölkerung Ninives vertraut also darauf, daß der allmächtige Gott wirklich Jona als seinen Propheten geschickt und ermächtigt hat; daß Gott Ninive zerstören kann und das auch tun will – aber auch, daß derselbe Gott Macht hat zu retten, wenn er sich erbarmen will.

Wie tief der Glaube der Niniviten war, sieht man an zwei weiteren

[130] Vgl. Dhorme S. 88 f; A. Jeremias S. 473 ff; Meißner Kultur S. 52 ff; Schmökel Kulturgeschichte S. 278 ff; Tallqvist S. 21 ff; 89 ff.

Zügen. Ninive hat sich nicht mehr an Jonas Person aufgehalten, sondern ist über den menschlichen Zeugen zu Gott selbst vorgedrungen. Das Edikt erwähnt Jona überhaupt nicht. Hierin liegt ein bis heute wichtiges Element des Glaubens. Viele Menschen lassen sich den Zugang zu Gott durch andere Menschen verstellen, an denen sie sich ärgern oder auf die sie Rücksicht nehmen. Oft hängt zuviel an der »Qualität« eines Evangelisten, Pfarrers, Predigers, Diakons usw. Solchen Menschen ruft das NT zu: »Lasset uns aufsehen auf Jesus, den Anfänger und Vollender des Glaubens!« (Hbr 12,2). Man vgl. die Samariter in Jo 4,41 f.

Der zweite Zug, der Ninives Glauben charakterisiert, ist darin zu finden, daß es mit Gott nicht mehr rechten, seine Sünde nicht entschuldigen und keinerlei Verdienst geltend machen will. In der Erschütterung kommenden Untergangs versinkt alle menschliche Rechthaberei und alles Vertrauen auf eigene Verdienste, die Paulus in Rö 3,28 »des Gesetzes Werke« nennt. Und wiederum ist dieser Zug als Vorbild für die Gegenwart zu achten. Unsere Selbstgerechtigkeit stellt sich der Annahme göttlicher Gnade, die durch Jesu Kreuz möglich geworden ist, in den Weg. Unterwegs zum ewigen Verlorensein wollen viele noch mit Gott rechten, über Gott diskutieren oder das alte Leben feiern. Um uns steht der dunkle, wenn auch noch weit entfernt geglaubte Horizont des Todes und der Verantwortung vor Gottes Gericht. Dies ewige Gericht wiegt schwerer als die Ninive angekündigte Katastrophe. So fragt das Jonabuch auch den neutestamentlichen Leser, ob er hinter dem Glauben Ninives zurückstehen will[r].

[r] Mt 12,41

Immer wieder erörterte man in der Forschung, weshalb die Rede eines israelitischen Propheten in Ninive eine solche Wirkung haben konnte. Zunächst könnte man zwei äußere Gründe nennen, durch die Assyrien für die Gerichtspredigt gewissermaßen vorbereitet erscheint. Der erste ist der allgemein deprimierende Zustand Assyriens in damaliger Zeit. Schwächere Nachfolger tatkräftiger Könige, zwei schreckliche Pestepidemien, die totale Sonnenfinsternis vom 15. Juni 763 v. Chr., glücklose Kriegführung, Aufstände in den Städten unter Führung von Adeligen – das alles wurde offenbar als Zeichen göttlichen Zornes gewertet. Seit 782 v. Chr. war Assyrien in Unruhe verblieben, die erst mit der Machtübernahme Tiglatpilesers III. (des »Pul« der Bibel, regierend 746–728 v. Chr., s. 2 Kö 15,19) beendet wurde. Der zweite Grund, der sich anführen ließe, ist die grundsätzliche, bei Babyloniern und Assyrern zu beobachtende Bereitschaft, auf geheimnisvolle Botschaften zu hören[131]. Aber diese äußeren Gründe erklären nicht den Kern der Ereignisse, so wenig wie man äußere

[131] Vgl. Schaumberger S. 129 sowie Da 1,20; 2,1 ff; 4,1 ff; 5,7 ff.

Gründe für eine Unwahrscheinlichkeit des Berichteten als tragfähig ansehen kann. Wir stehen hier vielmehr vor dem doppelten Geheimnis der Vollmacht des Jona und der Willensentscheidung der Niniviten.

Exkurs: BUSSE IM NT

Die Buße der Niniviten gibt uns Gelegenheit, kurz zu betrachten, was »Buße« im Neuen Testament bedeutet.

1. Buße als bewußte Umkehr zu Gott ist auch nach dem NT unerläßlich für die Rettung aus dem gegenwärtigen und künftigen Zorn Gottes, der über alles sündige Wesen ergeht. Am leuchtendsten ist das Beispiel der Umkehr des verlorenen Sohnes, das Jesus erzählt[a]. Es ist also nicht so, daß Jesu Tod am Kreuz gewissermaßen automatisch alle Menschen gerettet hat oder noch retten wird. Nur wer Jesus im Glauben als Versöhner und Herrn in sein Leben aufnimmt, wird gerettet[b]. Auch Paulus unterscheidet scharf zwischen solchen, die gerettet werden, und solchen, die verlorengehen[c].

[a] Lk 15,11ff
[b] Jo 1,12; 3,16
[c] 1Kor 1,18
2Kor 4,3
1Th 1,9f

2. Weil Gott durch den Kreuzestod seines Sohnes alle Sünde der Welt gestraft und gesühnt hat, ist Umkehr zu Gott für die neutestamentliche Gemeinde die Hinkehr zum Kreuz. Wo dieser Weg gescheut wird, verachtet man die Rettung, die Gott durch das Opfer seines Nächsten und Liebsten anbietet, und bleibt deshalb Gottes Absichten ungehorsam. Darum will Paulus den »Gehorsam des Glaubens« durch seine Predigt aufrichten[d].

[d] Rö 1,5
1Kor 2,2

3. Die Buße behält auch im NT die beiden Grundelemente, die sie im AT und auch im Falle Ninives an sich hat. Das erste Grundelement ist die Hinkehr zu Gott als Ausrichtung des ganzen Lebens zu ihm hin und von ihm her. Damit übernimmt Gott durch den Heiligen Geist die Regierung in uns und schenkt uns zugleich die Kraft zum neuen Leben. Diese Gabe des Geistes, die jeder Umkehrende empfängt, ist erst im Neuen Testament ausgeteilt, weil sie jetzt durch Jesu Sühnetod möglich wurde. Vgl. die erste Petruspredigt: »Kehrt um und lasse sich ein jeder von euch taufen auf den Namen Jesu Christi zur Vergebung eurer Sünden, so werdet ihr die Gabe des Heiligen Geistes empfangen« (Apg 2,38). Das zweite Grundelement ist die Abkehr vom alten Leben der Sünde. Wir wissen, daß wir sie nicht in eigener Kraft durchführen können, beten aber entsprechend jenem Vater: »Ich glaube, lieber Herr, hilf meinem Unglauben!« (Mk 9,24). Diese Abkehr ist so durchgreifend, wie die Abkehr vom falschen Weg, die ein Reisender vollzieht. Der Reisende kann nicht gleichzeitig sowohl den falschen wie den richtigen Zug benutzen.

4. Das Schlimmste, was der Buße geschehen kann, ist ihre Verwechslung mit Zwang und Verlust. Die Freude, daß die Umkehr zu Gott möglich ist, das Befreiende der Rettung aus Verlorensein, ist wieder am klarsten und hellsten beim Gleichnis Jesu vom verlorenen Sohn zu sehen[e]. Buße ist kein Vorhang, hinter dem alles Lebenswerte verschwindet, sondern ein Eingang zum Leben, vergleichbar der Erfahrung eines Menschen, der eben vom Tode errettet wird. Durch diese Buße empfangen wir Vergebung der Sünden und das ewige, neue Leben, von dem Jesus sagt: »Ich bin gekommen, daß sie das Leben und volle Genüge haben« (Jo 10,10). Freilich verbindet sich der Entschluß zur Umkehr häufig mit einem Zerbruch unter der Last unserer Schuld und einem sehr schmerzhaften Lösen vom alten Leben, in dem wir bisher gewurzelt haben. Aber die Bedingungen, unter denen wir uns zur Umkehr entschließen und sie durchführen, dürfen nicht mit dem Charakter und der Bedeutung der Buße verwechselt werden.

[e] Lk 15,1ff

4. Gott erbarmt sich über Ninive, 3,10

10 Und Gott sah ihre Taten, daß sie umkehrten von ihrem bösen Wege, und es tat ihm leid wegen des Unheils, das er an ihnen nach seinem Worte vollziehen wollte, und er vollzog es nicht.

10 Entscheidend für Gottes Erbarmen ist die Umkehr. Damit bestätigt sich, daß wir oben mit Recht in der vierten Anordnung des Edikts dessen innersten Punkt erblickt haben: Als Gott **»ihre Taten, daß sie umkehrten von ihrem bösen Wege«** sieht, steht er ab vom Gericht. Dabei hebt der Bericht besonders die **»Taten«** hervor, d. h. die praktische Durchführung des Umkehrentschlusses. Wir werden hier wieder an das Gewicht erinnert, das die Bibel eben auf unser Tun legt. Nicht mit Unrecht schrieb eine Kirchengemeinde im Fränkischen auf die Eingangswand ihrer kleinen Kirche: »Seid Täter des Worts, und nicht Hörer allein« (Jak 1,22; vgl. 4,17). Auch Jesus nennt am Ende der Bergpredigt den einen klugen Mann, »wer meine Rede hört und tut sie« (Mt 7,24). Ohne diese praktische Lebenswende wären Gebetsgottesdienste, Fasten und Bußgewandung nicht zum Ziel gekommen.

Von diesem Punkt her öffnet sich nun ein gesamtbiblischer Zusammenhang. Indem das Jonabuch die Wichtigkeit einer solchen Umkehr für Gottes Handeln betont, steht es ja keineswegs allein, sondern verbindet sich mit den großen Propheten Israels zu einer Linie. »Wenn ihr auch viel betet, höre ich euch doch nicht«, sagt Jesaja im Namen Gottes, »Wascht euch, reinigt euch, tut eure bösen Taten aus meinen Augen, laßt ab vom Bösen!« (Jes 1,15 f), und derselbe Prophet überbringt seinem Volk die Botschaft: »Wenn ihr umkehrtet und stille bliebet, würde euch geholfen« (Jes 30,15). Ähnliches ist bei Jonas Zeitgenossen Amos, Hosea und Joel zu lesen[a]. Besonders nahe berührt sich der Prophet Jeremia mit Jona. Die Forderung Gottes, »umzukehren, ein jeder von seinem bösen Wege«, findet sich mehrfach bei Jeremia[b]. Vor allem aber mutet das Geschehen in Jeremia Kapitel 36 wie das negative Spiegelbild zu den Vorgängen in Ninive an. Nach diesem Kapitel läßt Gott seine Worte durch Jeremia und Baruch aufschreiben, um sie im Tempel zu verlesen, und zwar in der Hoffnung: »Vielleicht wird das Haus Juda, wenn sie hören von all dem Unheil, das ich ihnen zu tun gedenke, sich bekehren, ein jeder von seinem bösen Wege, damit ich ihnen ihre Schuld und Sünde vergeben kann« (Jer 36,3). Statt dessen wirft der judäische König Jojakim die Schriftrolle mit der Botschaft Stück um Stück ins Feuer seines Kohlenbeckens und will Jeremia gefangennehmen. Gott wird also in Jerusalem ebensosehr abgelehnt wie in Ninive gesucht. Über Jeremia hinaus behält die Umkehrpredigt auch später einen wichtigen Platz in der biblischen Verkündigung. Man denke z. B. an Hes 33,11. Ja, der Evangelist Markus faßt Jesu Predigt in die beiden Sätze zusammen: »Erfüllt ist die Zeit und nahe gekommen das Reich Gottes. Kehrt um und glaubt dem Evangelium!« (Mk 1,15).

[a] AM 4,6; 5,1ff Hos 5,4; 11,7; 14,2; Joe 2,13ff
[b] Jer 25,5; 26,3; 36,3.7

Die Hoffnung der Leute von Ninive, Gott lasse sich bewegen und kehre ab von seinem brennenden Zorn (V. 9), ist also in Erfüllung gegangen. Der Bericht gebraucht hier wieder eine schlichte und dennoch aufschlußreiche Wendung: **»es tat ihm leid«**. Die Übersetzung des Luthertextes: »es reute ihn« ist mißverständlich. Denn Gott sieht keineswegs den ersten Entschluß, Ninive zu zerstören, für übereilt oder falsch an. Vielmehr bleibt die Berechtigung dieses ersten Beschlusses bestehen. Aber durch die Umkehr Ninives ist eine neue Situation eingetreten, die Gott, weil er barmherzig ist (4,2!), berücksichtigen will – eine Möglichkeit, die ja durch die 40 Tage »Bußfrist« von vornherein eröffnet wurde. Aber nun fällt ja auf, daß der Bericht eben nicht sagt: »Gott faßte einen neuen Beschluß« o. ä., sondern die genannte Wendung gebraucht: **»es tat ihm leid«**. Hier entdeckt uns der Bericht etwas vom Wesen Gottes, wie er ist. Der biblische Gott ist das Gegenteil eines blinden Schicksals oder der blinden Götzen. Gott läßt sich durch den Anblick und das Anhören gefährdeter Menschen bewegen, er fühlt, er leidet mit, kurz: er hat ein Herz. Zu diesem Gott will uns Jesus führen, wenn er das Herrngebet mit der Anrede beginnen läßt: »Unser Vater«. Der Glaubende und durch Jesus mit Gott unverbrüchlich Verbundene[c] tritt in eine Welt voll unbeschreiblicher Geborgenheit ein. Er lernt die Wirklichkeit der göttlichen Verhei-

[c] Jo 10,27ff

ßung kennen: »Kann auch ein Weib ihres Kindleins vergessen, daß sie sich nicht erbarme über den Sohn ihres Leibes? Und ob sie seiner vergäße, so will ich doch deiner nicht vergessen« (Jes 49,15).

Jedoch wäre es ein neues Mißverständnis, wenn man aus dem in der Bibel oft – und auch hier im Falle Ninives – beschriebenen Erbarmen ein Prinzip machen wollte, etwa derart, als sei der Zorn Gottes immer nur vorläufig. In Jona 3,10 ist die Rede von dem **»Unheil, das er an ihnen nach seinem Wort vollziehen wollte«**. Die Worte lassen keinen Zweifel daran, daß das Gericht vollzogen worden wäre, wenn die Buße ausgeblieben wäre. Von Voltaire soll der schreckliche Ausspruch stammen: »pardonner, c'est son metier« – Vergeben, das ist sein Beruf. Hier wird ein Bild von Gott entworfen, als warte er immer nur auf eine Gelegenheit, seine Vergebung anzubringen. Dem ist nicht so. Wo der Mensch auf seinem bösen Wege fortfährt, fährt er ins Gericht. Wir nennen als Beispiel das eben erwähnte 36. Kapitel bei Jeremia. Als die Könige von Juda nicht umkehrten, wurde Jerusalem samt dem Tempel zerstört, das Volk gefangen weggeführt. Noch schwerer traf Gottes Zorn Jonas Heimat, Israel. Es wurde, da es den Ruf zur Umkehr nicht hören wollte, volklich nahezu ausgelöscht. Der Name »Israel« erscheint – abgesehen von den jüdischen Aufständen des 1. und 2. Jhds. n. Chr. – erst 1948 wieder in der politischen Geschichte. Von daher gewinnen die biblischen Worte vom »zukünftigen Zorn« Gottes und vom »ewigen Feuer« eine unheimliche Wucht[d]. Die neutestamentliche Gemeinde weiß, daß nur Jesus die, die an ihn glauben, aus diesem künftigen Gericht retten kann[e]. In dieser Hinsicht ist auch 4 Mo 23,19 zu hören: »Gott ist nicht ein Mensch, daß er lüge, noch ein Menschenkind, daß ihn etwas gereue. Sollte er etwas sagen und nicht tun?«[f]

[d] Mk 9,49; 1Th 1,10
[e] Jo 3,16; 1Th 1,9f
[f] 1Sam 15,29; Ps 110,4; Rö 11,29

Wo wir in der Bibel von »Reue« lesen, ist also ein Zweifaches zu unterscheiden. Es kann einmal, wie in Jona 3,9 und 3,10, das Erbarmen über den bußfertigen Sünder meinen, dessen Umkehr Gott erwartete und erhoffte. Zum andern hat die Wendung »nicht reuen« die Bedeutung, daß die Pläne Gottes und sein Wort fest und zuverlässig sind und durch keine andere Macht und Gewalt verändert werden können. Es geht also bei dieser zweiten Gruppe um die Gewißmachung des Glaubens.

Blicken wir 1 1/2 Jahrhunderte weiter in die assyrische Geschichte, dann erhalten wir eine eindrucksvolle Bestätigung der eben dargestellten biblischen Aussagen. Ninive hat später den Weg der Umkehr wieder verlassen. Mit dem Fortgang der Geschichte und dem neuen Aufstieg kehrte das alte Leben zurück. Um 671 v. Chr. ist Assyrien auf dem Gipfel seiner Weltmachtstellung, als es unter dem König Asarhaddon Ägypten erobert. Doch dann weissagt der Prophet Nahum im

Namen Gottes seine »Last über Ninive« (Nah 1,1), »Denn von dir (Ninive) ist gekommen, der Arges ersann, der Böses wider den Herrn plante« (Nah 1,11). Das Ende Ninives und Assyriens werde sein, »daß von deinem Namen kein Nachkomme mehr bleiben soll« (Nah 1,14). Nahum hat recht behalten. Assyrien und auch Ninive gehen 612–610 v. Chr. im Kampf gegen Neubabylonier und Meder unter. Seitdem gibt es kein Reich »Assyrien« mehr. Dort, wo das stolze Ninive stand, liegt nur noch das Dorf Nebi Junus = »Prophet Jona«.[131a]

Dennoch bleiben die Taten der Umkehr Ninives und der Aufweis der göttlichen rettenden Gnade für die neutestamentliche Gemeinde wegweisend. Die Evangelisten Matthäus und Lukas überliefern, daß Jesus in seiner Predigt auf das dritte Jonakapitel zurückgegriffen hat, um es dem Israel seiner Tage als Vorbild darzustellen: »Die Leute von Ninive werden auftreten beim Gericht mit diesem Geschlecht und werden es verdammen; denn sie taten Buße nach der Predigt des Jona. Und siehe, hier ist mehr als Jona« (Mt 12,41; vgl. Lk 11,32). Demnach sah Jesus im Jonabuch einen Anreiz für die Juden, zum Gott Israels umzukehren. Für Jesus hat also die Geschichte, von der die Bibel berichtet, etwas Typisches. Weil sich bestimmte Erscheinungen der Geschichte wiederholen, kann die Geschichte Vergleiche erlauben und auch für Spätere geistliche Bedeutung gewinnen[g]. Ferner ist in der Aussage Jesu interessant, daß diejenigen, die äußerlich zu Israel bzw. zur Gemeinde gehören, im Gericht Gottes keinen Vorsprung besitzen. Vielmehr stehen hier Juden und Heiden gleicherweise vor dem Richterstuhl. Drittens bestätigen Jesu Worte, daß Ninive nach der Jonapredigt eine echte Umkehr vollzogen hat. Ja, Jesu Aussage läßt durchscheinen, daß solche Niniviten wie die alttestamentlichen Gerechten zur Auferstehung des Lebens gelangen werden.

[g] 1Kor 10,11

[131a] Vgl. hier Keller Thz S. 340.

D. Jona Kapitel 4

1. Vorbemerkung

Wenn das Jonabuch nur einen eindrucksvollen Abschnitt aus der Geschichte Ninives bzw. Assyriens hätte darstellen wollen, dann hätte es mit Kapitel 3 schließen können. Aber das Buch will mehr. Es will auch zeigen, wie die Geschichte Gottes mit Jona weitergeht. Jona ist nicht nur ein Werkzeug, das nach Erfüllung seiner Schuldigkeit aus dem Gesichtskreis verschwindet, sondern ein Mitarbeiter Gottes, dem ebensoviel Liebe gilt wie der Stadt Ninive. In einem neuen Sinn bestätigt uns deshalb das vierte Kapitel, daß wir das Jonabuch mit Recht als »Prophetenbericht« aufgefaßt haben. Mehr noch: Dieser Bericht will offenbar, daß Israel den alten Glaubenssatz »gnädig und barmherzig ist Gott« neu lernt. Denn dieser Satz, ursprünglich von Gott selbst dem Mose am Sinai offenbart, ist die geheime Mitte des 4. Kapitels. Jona vertritt hier das Israel seiner Zeit, wie Assyrien sich im König verkörperte. Darum ist Gott wichtig, daß Jona seine Wege versteht, und erkennt, wie es zum neuen Leben in Ninive kam. Dann kann Jonas Bericht an Israel nicht allein den neuen Aufschwung Assyriens ankündigen, sondern auch einen Anreiz und Vertrauensgrund bilden, daß Israel selbst zu diesem erbarmenden Gott umkehrt und bei ihm seine Zuflucht nimmt. So ist das Doppelthema Ninive / Assyrien und Jona/Israel bis zum Schlusse durchgehalten.

2. Jona muß mit Gottes Handeln einig werden, 4,1–11

1 **Aber Jona befiel ein großes Mißfallen, und Zorn entbrannte in**
2 **ihm. * Und Jona betete zu Jahwe und sagte: »Ach Jahwe! Ist nicht**
das mein Bedenken gewesen, solange ich noch in meiner Heimat
war? Deshalb wollte ich auch schnell nach Tarsis fliehen: nämlich
weil ich wußte, daß du ein gnädiger und barmherziger Gott bist,
langsam zum Zorn und reich an Erweisung der Gnade und dem es
3 **leid tut mit dem Unheil. * Wohlan Jahwe! So nimm mir doch das**
Leben! Denn besser ist es für mich, zu sterben, als zu leben.«
4 *** Aber Jahwe sagte: »Meinst du, daß es richtig ist, wenn Zorn in**
5 **dir entbrennt?« * Nachdem Jona aber aus der Stadt herausgegan-**
gen war, ließ er sich östlich von der Stadt nieder und machte sich
dort ein Schirmdach und setzte sich darunter in den Schatten, bis
6 **er sähe, was in der Stadt passierte. * Und Jahwe, Gott, beorderte**
einen Rizinus, und er schoß auf über Jona, damit er ein Schatten sei

über seinem Haupt, um ihn aus seinem Unrecht herauszureißen.
7 Da freute sich Jona über den Rizinus mit großer Freude. * Da be-
orderte Gott einen Wurm, als die Morgenröte heraufzog am näch-
sten Morgen, und er zerfraß den Rizinus, so daß er vertrocknete.
8 * Und als die Sonne aufging, beordete Gott einen sengenden Ost-
wind, und die Sonne stach Jona auf den Kopf, so daß ihn die Kräfte
verließen. Da wünschte er sich, zu sterben und sagte: »Besser ist es
9 für mich zu sterben, als zu leben.« * Da sagte Gott zu Jona:
»Meinst du, daß es richtig ist, wenn Zorn in dir entbrennt wegen
des Rizinus?« Und er sagte: »Richtig ist es, wenn Zorn in mir ent-
10 brennt bis in den Tod!« * Und Jahwe sagte: »Du hättest gern den
Rizinus verschont, um den du dir nicht Mühe gegeben hast, und
den du nicht großgezogen hast, der in einer Nacht wurde und in ei-
11 ner Nacht zugrunde ging. * Aber ich sollte Ninive nicht verscho-
nen, die große Stadt, in der mehr als 120 000 Menschen sind, die
rechts und links nicht unterscheiden können, und viel Vieh?«

Wollen wir hier wieder die zeitliche Abfolge der Ereignisse einhalten, dann müssen wir diesmal V. 5 an die Spitze stellen. V. 5 ist in unserem Jonabuch ein drittes Beispiel für den »nachholenden Stil« der hebr. Erzählung, dem wir bereits in 1,10 begegnet sind (s. die Erklärung dort). Die Reihenfolge der Geschehnisse ist also folgende: Jona hat seinen Predigtauftrag ausgeführt – er verläßt Ninive und baut sich östlich davon eine bescheidene Hütte – er wartet ab, was in der Stadt passiert – Gott erbarmt sich über Ninive nach dessen Umkehr – in Jona entbrennt Zorn über dieses Erbarmen. Dementsprechend beginnen wir mit der Erklärung von V. 5.

Jona »**ließ sich östlich von der Stadt nieder und machte sich dort ein** 5
Schirmdach und setzte sich darunter in den Schatten, bis er sähe, was in der Stadt passierte«. Schon die Trennung von der Stadt läßt vermuten, daß Jona im stillen mit ihrem Untergang rechnet. Der Fortgang der Schilderung gibt dieser Annahme recht. Der Gang nach **»Osten«** erklärt sich am besten, wenn Jona von diesem östlichen Hügelland her den Untergang beobachten will[a]. Westlich von Ninive ist das Land flach. Außerdem mußte er im Falle des eingetretenen Untergangs damit rechnen, als Schuldiger verfolgt zu werden. Dabei versprachen die nahen Grenzgebirge im Osten den besten Schutz. Daß Jona jedenfalls beweglich bleiben will, ergibt sich auch daraus, daß er abseits von menschlichen Siedlungen eine sehr provisorische Unterkunft errichtet. Ein solches **»Schirmdach«** ließ sich aus Zweigen rasch zusammenbauen. Der hebr. Name für dieses Schirmdach, Sukkah, ist derselbe wie für die Hütte am Laubhüttenfest. Wohl fehlen ihr

[a] 1Mo 19,17

ein festes Dach und feste Wände. Dennoch gewährt sie in dem heißen Klima notdürftigen **»Schatten«**[132].

Das einsame Sitzen dort draußen, ohne Gefährten, offenbar auch zunächst ohne Gebet, ist wiederum ein Bild des inneren Zustandes. Jona kann der Anfang der Umkehr Ninives ja nicht verborgen geblieben sein. Daß er die Stadt dennoch verließ, daß er sich offensichtlich immer stärker an die Erwartung der Zerstörung festklammerte, zeigt deutlich genug, wie die Unzufriedenheit in ihm längst nagte, bevor sie im Gebet hindurchbrach. Dabei mag die physische und psychische Erschöpfung, die nach einem so bedeutungsvollen Predigtdienst eintritt, einen Beitrag geleistet haben. Viel wesentlicher scheint der in die Augen springende Unterschied zwischen Israels Gottesferne[b] und Ninives Hinkehr zu Gott. In Jona muß sich jetzt der Gedanke an die Zukunft Ninives einerseits und die Zukunft Israels andrerseits hervorgedrängt haben.

[b] Am 4,6ff; 6,1ff

Es gab zwei Möglichkeiten. Entweder folgte Ninive doch noch den Vorbildern Babels, Sodoms und Gomorras. Dafür sprach sowohl die Lebenserfahrung als auch die Auffassung, die man in Israel von den Heiden hatte. Der schreckliche Untergang als Omen für die Völkerwelt würde dann in 40 Tagen eintreten. In diesem Falle konnte Jona als einer heimkehren, der den westlichen Nachbarn Assyriens und vor allem Israel den Vollzug seiner Ankündigung als Gottesgericht melden konnte. Wie am Anfang der Regierungszeit Jerobeams II. waren Jubel, Freude und Ehre für ihn zu erwarten. Göttlicher und menschlicher Triumph standen am Ausgang seiner Mission. Die zweite Möglichkeit zeichnete sich bereits am Horizont ab: Ninive verblieb bei seiner Umkehr, und Gott ließ sein Erbarmen über die Gerichtsabsicht siegen. Jonas zentrale Gerichtsansage wurde durchgestrichen. Assyrien lebte erneut auf. In diesem Falle mußte Jona mit der erschütternden Nachricht heimkehren, daß Gott durch seine Predigt den Heiden Gelegenheit zur Buße geschenkt hatte, und zwar den damals verhaßtesten – den Assyrern. Mit ihm wanderte die Furcht, daß Gott seine Hand vom untreuen Israel abgezogen habe. Die Gewitterwolke der assyrischen Eroberer ballte sich über dem Ende der Regierungszeit Jerobeams II. zusammen. Und auf den früher gefeierten Propheten warteten jetzt Beschämung, Angriff und persönliche Anfechtung.

Das Jonabuch sagt uns nicht, zu welchem Zeitpunkt die eben genannte zweite Möglichkeit für Jona zur Wirklichkeit wurde. Irgendwann, spätestens mit dem Ablauf der Vierzigtagefrist, ist für ihn die Gewißheit da: Gott verzichtet auf das Gericht über Ninive. Weil der

[132] Dalman S. 61.

Bericht sich völlig auf die Entwicklung des Verhältnisses zwischen Jona und Gott konzentriert, läßt er es mit dem Entscheid von 3,10 genug sein.

Nun erleben wir sofort die persönliche Anfechtung mit, in die Jona 1
durch Ninives Verschonung hineingeführt wurde. **»Aber Jona befiel ein großes Mißfallen, und Zorn entbrannte in ihm.«** Das ist das Wesen der Anfechtung, daß sie uns aus der Verbindung mit Gott herausfechten will. Bei Jona hat sie bereits einen großen Erfolg erzielt: seine Ziele decken sich nicht mehr mit Gottes Zielen. Der hebr. Text macht uns das sehr anschaulich durch das Wortspiel: **»befiel ein großes Mißfallen«**. Jona lehnt Gottes Handeln mit Ninive rundweg ab. Das Mißfallen ist nicht künstlerisch, zweifelnd, oder aus der Distanz, sondern die Verweigerung der Einwilligung. Es ist das Gegenteil des Ratschlags aus Sprüche 23,26: »Gib mir, mein Sohn, dein Herz und laß deinen Augen meine Wege wohlgefallen!« Aber mehr noch: in Jonas Herz kommt es zur Rebellion. **»Zorn entbrannte in ihm«**. Auch da mäßigt der Luthertext eher, wenn er schlicht mit »zornig werden« übersetzt. Das entsprechende hebr. Wort heißt eigentlich »glühen«, »aufbrennen«. Der Zündstoff, der sich unter Jonas einsamem Warten aufgehäuft hat, wird jetzt, als das Gefürchtete zum Ereignis wird, hell entflammt. Wie kann Gott das tun?

Der Unterschied zwischen dem Jona, der im Zorn gegen Gott entbrennt, und dem Jona, der in 2,3 den Dankpsalm betet, ist fast schokkierend. Wie kann ein solcher Umschwung stattfinden? Bevor wir im 2. Vers etwas über die Gründe erfahren, ist es vielleicht gut, in dieser Situation das Typische, das bei Jona für alle Menschen und besonders auch die Mitarbeiter Gottes zum Vorschein kommt, in den Blick zu fassen. Die Spannung, zwischen der wir im Leben ständig hin- und hergerissen sind, beschreibt Jeremia prägnant: »Es ist das Herz ein trotzig und verzagt Ding; wer kann es ergründen?« (Jer 17,9). Wer Jonas Verhalten unbegreiflich findet, mangelt noch der ausreichenden Selbsterkenntnis. Nur die Führung Jesu durch seinen Heiligen Geist kann diese Spannung des alten Menschen ins Gleichgewicht bringen. Es sind mit die faszinierendsten Seiten der Bibel, auf denen die Gläubigen und Diener Gottes in ihrer ganzen menschlichen Anfälligkeit dargestellt werden. Hier treffen wir keine überlegenen Helden, deren Verdienst der Fortschritt im Reiche Gottes wäre. So demütigend diese Erkenntnis auf der einen Seite ist, so tröstlich ist sie doch zugleich. Denn sie läßt die Kraft und Geduld Gottes in jenem Licht erscheinen, das Paulus in Gottes Zusage aufleuchtete: »meine Kraft kommt in Schwachheit (der Menschen) zur Vollendung« (2 Kor 12,9 wörtlich). Mancher Nachfolger des Herrn und Mitarbeiter in der Gemeinde hat sich schon daran aufgerichtet in dem Gedanken: Wenn

Gott solche Menschen gebraucht hat, kann er auch mich noch brauchen. Dienst für Gott ist also keine Sache für Übermenschen, sondern eine Sache der Bereitwilligkeit. So werden aus den Wahrheitskapiteln der Schrift über die Gläubigen die Ruhmeskapitel Gottes und die Trostkapitel für die Nachfolger des Herrn[133].

2 Den Grund für Jonas Auseinanderfallen mit Gott enthüllt V. 2. Dieser Vers, der Form nach ein Gebet, ist die Kernstelle des Kapitels (vgl. Vorbemerkung): **»Ach Jahwe! Ist nicht das mein Bedenken gewesen, solange ich noch in meiner Heimat war? Deshalb wollte ich auch schnell nach Tarsis fliehen: nämlich weil ich wußte, daß du ein gnädiger und barmherziger Gott bist, langsam zum Zorn und reich an Erweisung der Gnade und dem es leid tut mit dem Unheil.«** Wir bekommen hier die Klammer zu Gesicht, die Jonas Verhalten von Kapitel 1 bis Kapitel 4 zusammenfaßt, das Grundmotiv der Flucht nach Tarsis wie der Rebellion östlich von Ninive: Es ist seine Furcht vor einer Umkehr Ninives und vor Gottes Gnade über diesem Zentrum Assyriens. Und, müssen wir hinzusetzen, er fürchtet sich davor, weil er an Israel denkt, das unter dem neuerwachten Assyrien zu leiden haben wird. Wir stoßen hier auf den Wahrheitskern in jener alten Auslegung der Rabbinen, die dahin ging, Jona habe sich für Israel opfern wollen. Jedenfalls will sich Jona für Israel wehren.

»Jona betete zu Jahwe.« Wir beachten, daß er auch in Ablehnung und Rebellion den vertrauten **Jahwe**-Namen gebraucht. Damit bleibt eine Brücke über den Zwiespalt sichtbar. Positiv ist ferner, daß Jona sein *Bedenken* im Gebet offen vor Gott ausbreitet. Die Möglichkeit, offen mit Gott zu sprechen, ist eine einmalige und heilsame Gelegenheit, sich der Probleme vor Gottes Angesicht bewußt zu werden, sie zu nennen und Gott hinzulegen. Damit eröffnet sich umgekehrt für Gott ein Zugang, über den er uns helfen und heilen kann. Deshalb wird ein solches Gebet empfohlen. »Liebe Leute, schüttet euer Herz vor ihm aus!« (Ps 62,9). Männer wie Elia oder Hiob haben so gebetet[c].

[c] 1Kö 19,4 Hio 3

Jona zitiert nun selbst, warum Gottes Erbarmen mit einem umkehrenden Ninive für jeden Israeliten zu erwarten war: **»nämlich weil ich wußte, daß du ein gnädiger und barmherziger Gott bist, langsam zum Zorn und reich an Erweisung der Gnade«**. Jona wußte dies aus der Mose-Überlieferung. Denn eben so hatte sich Gott einst am Sinai dem Mose geoffenbart, als dieser zum zweiten Mal die Gesetzestafeln empfing[d]. Die Wichtigkeit des zitierten Offenbarungssatzes ergibt sich aus der prophetischen wie aus der Psalmen-Tradition (vgl. Joel 2,13; Micha 7,18; Ps 86,15; 103,8.17; 145,8). Hier liegt also eine

[d] 2Mo 34,6

[133] Siehe auch Luther S. 186. Vgl. mit Jona 4: 1 Mo 12,4 ff; 12,10 ff; 1 Kö 18 und 19; Mt 26,33 und 27,69 ff.

Grundstelle der altbiblischen Gottesoffenbarung vor, die noch im NT
merkbar ist[e]. Alle Beschreibungen Gottes sind dabei Ausdruck der [e] Mt 20,15
letztlich unbeschreiblichen Güte. Die Nähe dieser Stelle zum Gesche- 1Jo 4,16
hen in Ninive tritt noch deutlicher hervor, wenn wir die kleine Ände-
rung beachten, die in Jona 4,2 gegenüber 2 Mo 34,6 vorgenommen ist.
Bei Jona lautet der Schluß des Satzes: **»und dem es leid tut mit dem
Unheil«**. Dieser Schluß stimmt überein mit Jona 3,9 und 3,10, wohin-
gegen das Ende in 2 Mo 34,6 so lautet: »und (reich an Erweisung der)
Treue«. Der Begriff der »Treue« entspricht dem Bund Gottes und
paßt daher nur auf Israel, nicht aber zu Ninive. Liest man hingegen
2 Mo 34,7: »der . . . vergibt Missetat, Übertretung und Sünde«, so hat
man hier eine sachliche Entsprechung zu Jonas **»dem es leid tut mit
dem Unheil«**. Die Zusammenziehung von 2 Mo 34,6 und 7 in Jona 4,2
macht also den Zusammenhang von Umkehr und Gottes Güte noch
markanter.

Gerade dann aber, wenn Jonas Bekenntnis in 4,2 die große Güte als 3
den Quellpunkt des göttlichen Handelns herausstellt, treten Ableh-
nung und Zorn beim Propheten in eine noch grellere Spannung zu
Gott. Im Grunde verurteilt sich Jona in seinem Gebet selbst. Vollends
deutlich wird das im abschließenden Wunsch: **»Wohlan Jahwe! So
nimm mir doch das Leben! Denn besser ist es für mich, zu sterben, als
zu leben.«** Zunächst ist es hier der Eigensinn, der so redet: Geschieht
nicht mein Wille, dann will ich weder dein Prophet sein, noch über-
haupt leben. Daneben aber vernimmt man die Töne der Verzweif-
lung[134]. Der Prophet, der sich so bewußt vom Willen Gottes trennen
will, erkennt zugleich, daß er damit ein sinnvolles Leben verspielt.
Wo Gottes Güte ist, da ist Leben. Wo man sich aus dem Umkreis dieser
Güte entfernt, beginnt das Reich der Sünde und des Todes. Im Hinter-
grund tauchen die großen Gegensatzpaare des 5. Mosebuches auf:
Leben und Tod, Gut und Böse, Gehorsam und Ungehorsam – »wenn
du gehorchst den Geboten des Herrn . . . so wirst du leben« (5 Mo
30,15 ff). Nahe verwandt mit diesem Jona ist auch Elia, der sterben
wollte, weil er so sündig war[f]. [f] 1Kö 19,4

Die Güte, die Jona eben noch zum Grund seiner Auseinanderset-
zung mit dem Herrn machte, offenbart sich ihm jetzt sehr konkret.
»Aber Jahwe sagte: »Meinst du, daß es richtig ist, wenn Zorn in dir 4
entbrennt?« Unendlich überlegen und liebevoll zugleich redet hier
der Herr. Er hätte das Recht gehabt, zu schweigen, diesen schwierigen
Propheten endlich aufzugeben. Er hätte Jonas Gebet als Beleidigung
empfinden und nun seinerseits im Zorn antworten können. Doch der

[134] Darum können wir Kaiser Ev. Theol. S. 100 nicht zustimmen, der Jonas Gebet ein »unverschämtes Trotzgebet« nennt.

Herr sieht tiefer. Er sieht die Not, die der Zwiespalt dem Jona bereitet, seine anhebende Verzweiflung, und auch die Angst im Blick auf den Fortgang der assyrischen Geschichte. So entbrennt in Gott nicht Zorn, sondern Liebe. Die *Frage* ist die Form, die seine Liebe und Herabneigung annimmt. Er drängt die Erkenntnis des Richtigen nicht auf, sondern will sie erwecken. Seit Moses Berufung am Dornstrauch ist Gott so mit der Frage, ob sie recht tun, an die Männer der Bibel herangetreten. Ja, eine Frage war die erste Rede, die Adam hinter dem Busch traf. Ähnlich fragte Gott den Kain und Jesus den Saulus vor Damaskus. Aber wir erfassen Gottes Liebe im Falle Jonas erst richtig, wenn wir uns überdies erinnern, daß es schon das zweite Mal in kurzer Zeit ist, daß er in suchender Liebe dem Propheten – auch darin Repräsentant Israels! – nachgeht. Denn Jonas Abwendung in Kap. 4 liegt ja ganz nahe bei der Situation in Kap. 1! Weil er Gott ist, mindert es seine Liebe und Treue nicht, wenn wir in den Schwankungen unseres Lebens ihn weniger lieben oder ihm weniger treu sind: »sind wir untreu, so bleibt er doch treu« (2 Tim 2,13). Freilich gilt das nur für den, der grundsätzlich zu ihm umgekehrt ist und immer neu umkehrt.

Der Bericht sagt uns nichts über eine Antwort Jonas. Er schiebt jetzt vielmehr V. 5 als »Nachholung« ein (s. Erklärung oben). Dadurch wird ein deutlicher Einschnitt markiert. Das erste Zwiegespräch ist zu Ende, die weitere Entwicklung bleibt offen. Gott hat Geduld und kann warten. Aber sein Warten auf das zweite Zwiegespräch, das V. 8 beginnt, bedeutet nicht, daß er den Fall gewissermaßen zu den Akten legt. Er bereitet die Fortsetzung des Gesprächs dadurch vor, daß er als Schöpfer in das Leben Jonas eingreift. Im Mittelteil des Kapitels, von V. 6 bis V. 8, wird jetzt die unmittelbare Anrede Gottes in seinem Wort abgelöst durch sein mittelbares Reden in den äußeren Fügungen. Schon der Name zeigt diese Veränderung an, indem er jetzt von »Jahwe« zu »Elohim«, der Bezeichnung des Schöpfers, wechselt. Wir erinnern uns, wie Friedrich Christoph Oetinger, einer der schwäbischen Väter des Pietismus, sich durch dreierlei führen lassen wollte: 1. durch die Stimme der Weisheit auf der Gasse, 2. durch den Sinn und Geist der Heiligen Schrift, 3. durch die äußeren Schickungen Gottes. Wo man in der Heiligen Schrift lebt – das ist die Voraussetzung –, da werden auch die äußeren Fügungen zu Zeichen und Markierungspunkten der Wege Gottes. Dabei ist die nüchterne Betrachtung dieser Umstände im Licht der Schrift wertvoller und zuverlässiger als seelische Erschütterungen bis hin zu Visionen, obwohl letztere von vielen erwünscht werden. Es ist auch im Neuen Testament Lehre der Schrift, daß man Gott gerade im Bereich der Schöpfung »an seinen Werken« erkennen kann[g].

[g] Rö 1,20

So handelt Gott nun mit der Staude, dem Wurm, der Sonne, dem Wind. Sie werden seine Boten wie früher der Sturm und der Fisch. Zunächst **»beordert«** er die Staude: **»Und Jahwe, Gott, (hebr. Elohim), beorderte einen Rizinus, und er schoß auf über Jona, damit er ein Schatten sei über seinem Haupt, um ihn aus seinem Unrecht herauszureißen. Da freute sich Jona mit großer Freude.«** Über den Ausdruck **»beordern«** siehe oben die Erklärung zu 2,1. Die Staude heißt hebr. Kikajon und ist vielleicht dem Namen nach ein Lehnwort aus dem assyrischen kukkanitu. Sie wird im AT nur hier (bei Jona) erwähnt. Der **»Rizinus«**, wie wir sie nennen, wächst in wenig Tagen mit breiten Blättern buschartig auf. Über sein Wachstum ist hier nicht Näheres ausgeführt, doch siehe unten zu V. 10. Manche Ausleger hielten V. 6 für eine nachträgliche Redaktionsarbeit, weil sie den **»Schatten«** der Staude neben der Hütte für überflüssig erachteten. Bedenkt man jedoch, daß die Hütte nur ein notdürftiges Schirmdach aus Zweigen war, dann versteht man Jonas Freude über die Verstärkung des Schattens. Noch heute bauen die Bewohner heißer Zonen ihre Häuser gern im Schatten der Bäume[135].

Wir lesen, Jona habe sich **»mit großer Freude gefreut«**. Im Vergleich mit den wirklich großen Fragen, um die es bisher ging, erstaunt diese Wendung. Ist es die Pflanze da wert, daß er sich **»mit großer Freude freut«**? Hört man genauer hin, dann scheint aus dem Bericht hervorzuklingen, wie eingeengt der Gesichtskreis des Jona geworden ist. Der Schatten erhält buchstäblich und übertragen ein viel größeres Interesse, als ihm im Zusammenhang des Buches zukommt. Deutet der Bericht evtl. an, daß mit der Entfernung von Gott die irdischen Freuden und Lasten ein unverhältnismäßiges Gewicht bekommen? Anderseits zeigt der schnelle Umschlag vom Zorn und Sterbenswunsch zur Freude, wie labil und verwundet Jona geworden ist. Gott hatte die Pflanze wachsen lassen, **»um Jona aus seinem Unrecht herauszureißen«**. Sie sollte ihm Fürsorge und Liebe des Schöpfers greifbar verkörpern. Hat Jona diese Botschaft verstanden? Wohl freut er sich, daß der Rizinus für ihn da ist, aber der Blick richtet sich noch nicht von der Gabe zum Geber. So finden wir nichts von Dank gegen Gott.

Kurz sei noch ein Problem berührt, das der deutsche Bibelleser kaum bemerkt, das aber für die Forschung einiges Gewicht hat. Es handelt sich um die Doppelbenennung **»Jahwe, Gott«**, hebr. **»Jahwe Elohim«**. Etwa 1 1/2 Jahrhunderte lang hat man an Hand dieser Gottesnamen Quellenscheidung betrieben und z. B. in den Büchern Mose eine sog. »jahwistische« von einer »elohistischen« Quelle unterschie-

[135] Vgl. Cohn S. 100; Dalman S. 61.

den. Hier zeigt Jona, daß solche Unterscheidungen zweifelhaft sind. Denn das Jonabuch ist mit beiden Namen zugleich vertraut und setzt beide je nach dem Zusammenhang ein. Für die gegenwärtige Forschung formuliert der Alttestamentler Eissfeldt die Erkenntnis: »Eine befriedigende Erklärung des Tatbestandes steht (für Jona 4,6) noch aus« (Einl. S. 548)[136].

7 **»Da beorderte Gott einen Wurm, als die Morgenröte heraufzog am nächsten Morgen, und er zerfraß den Rizinus, so daß er vertrocknete.«** Statt **»Wurm«** könnte man auch übersetzen **»Gewürm«**, da das hebr. Wort ein sog. Kollektivum (Sammelwort) darstellt. Vermutlich wird dadurch die Wurzel des Rizinus zerstört (**»zerfraß«**), so daß er **»vertrocknen«** muß und Jona sein Schatten entzogen wird. Das **»beorderte«** macht uns erneut darauf aufmerksam, daß in diesen Fällen keine Neuschöpfung geschieht, sondern Gott den Weg dieses Wurmes zu dieser Pflanze zu dieser Zeit fügt, um gerade jetzt dem Jona etwas zu sagen (vgl. den folgenden Absatz).

8 **»Und als die Sonne aufging, beorderte Gott einen sengenden Ostwind, und die Sonne stach Jona auf den Kopf, so daß ihn die Kräfte verließen.«** Das hebr. Wort, das wir mit **»sengend«** wiedergegeben haben, ist in seiner Bedeutung umstritten[137]. Die einen fassen es als »schneidenden« Ostwind, der Jonas Hütte eingerissen habe. Andere verstehen es wie der Luthertext und wir als »schweigenden«, d. h. **»sengend-heißen Ostwind«**. Auf diese zweite Möglichkeit deutet vor allem der Zusammenhang, bei dem es um Sonnenglut und Schatten, nicht aber um einen Sturm geht.

Gott häuft jetzt die Unglücksfälle gewissermaßen Schlag auf Schlag: der Rizinus geht ein, die Sonne kommt mit Kraft herauf, der sengende Ostwind verzehrt Jonas »*Widerstandskräfte*«. Es ist mit Händen zu greifen, daß die rasche Folge der Ereignisse kein »Zufall« ist, sondern der Herr hier dem Propheten die Augen öffnen will für seine Größe und sein Wirken in der ganzen Schöpfung. Wie der Ostwind am Schilfmeer eine Furt zu Israels Rettung freiwehte[h], so soll dieser Ostwind für Jona sozusagen die Furt zur Erkenntnis bahnen.

[h] 2Mo 14,21

8/9 Tatsächlich erreicht Gott das eine, daß Jona wieder anfängt zu reden, in einer erschreckenden Weise zwar, aber doch mit einer wahrnehmbaren Sehnsucht nach Hilfe: **»Da wünschte er sich zu sterben, und sagte: ›Besser ist es für mich, zu sterben, als zu leben‹. Da sagte Gott zu Jona: ›Meinst du, daß es richtig ist, wenn Zorn in dir ent-**

[136] Vgl. zu Jona 4,6 noch Cohn S. 70.

[137] Wellhausen als guter Kenner des Hebr. wie des Arab. bemerkt S. 222: »weiß ich weder zu erklären noch zu verbessern«.

brennt wegen des Rizinus?‹ Und er sagte: ›Richtig ist es, wenn Zorn in mir entbrennt bis in den Tod!‹«

Wir sind damit in das zweite Zwiegespräch des Schlußkapitels eingetreten. Von hier führt der Weg unmittelbar zum Ende des Buches. Allein diese Stellung im Zusammenhang zeigt an, daß der Bericht auf diese Schlußverse ein besonderes Gewicht legt. Der Abschnitt der mittelbaren Rede Gottes in äußeren Fügungen ist zu Ende. Von nun an herrscht die Rede im unmittelbaren Wort. Es gehört zu den feinsten und eindruckvollsten Zügen des Jonaberichtes, daß dieses unmittelbare Wort auf eine Lösung hinführt, und nicht die äußeren Zeichen. Darin liegt auch für die heutige Zeit ein nötiger und wichtiger Hinweis. Das Licht der Erkenntnis und die Gewißheit der Erlösung bleiben abhängig von der Offenbarung Gottes in seinem Wort.

»Da wünschte er sich, zu sterben, und sagte«: Das Hebr. gebraucht öfters dort, wo wir im Deutschen sagen »er dachte«, den Ausdruck **»er sagte«**. Es handelt sich hier also zunächst um ein Selbstgespräch Jonas. Der sachliche Bezug auf sein erstes Gespräch mit Gott in V. 2–4 liegt aber auf der Hand. Jona wiederholt nicht nur den Wunsch von V. 3, sondern seine Gedanken klingen wie eine stille Antwort auf die Frage des Herrn in V. 4. Es ergibt sich, daß das Sterben des Rizinus von Jona nicht als Einladung zur neuen Hinkehr zu Gott, sondern zur Bestärkung seiner lebensfeindlichen, dunklen Wünsche gebraucht wurde. Die Situation des Jona wird an dieser Stelle ein weiteres Mal transparent für Erfahrungen, die wir auch in der Gegenwart machen. Wie schwer ist es, wenn man sich einmal in die Trennung von Gott verrannt hat, wieder herauszufinden! Die Demütigung, die mit einer solchen Umkehr verbunden ist, möchte man sich gern ersparen. Das Sichentfernen von Gott bringt gewissermaßen auf eine Rutschbahn, und Hilfe kann oft erst erfolgen, wenn man an deren Ende gelangt ist. Wie viele sog. »Schicksalsschläge« ereignen sich, ohne daß die Betroffenen sich dadurch zu Gott rufen lassen. Ja, in manchen Fällen enden sie mit vermehrter Verhärtung.

Dennoch sollten wir die Verzweiflung und die Not des Jona, die wie in V. 2 so erneut aus V. 8 klingt, nicht überhören. Der Prophet, der immer noch einsam, ausgelaugt, ein Häuflein Elend unter dürren Zweigen sitzt, verlassen von seinen Kräften, beseelt vom Wunsch zu sterben, ist ein Bild, das erbarmt. Gerade in dem krassen Todeswunsch schwingt die Sehnsucht nach Hilfe.

Von diesem Punkt sucht ihn jetzt Gott weiterzubringen: **»Meinst du, daß es richtig ist, wenn Zorn in dir entbrennt wegen des Rizinus?«** Nur in der Erwähnung **»des Rizinus«** ist gegenüber V. 4 eine Veränderung eingetreten. Diese Erwähnung bereitet das Gleichnis vor, das Gott an dem Rizinus gewinnt und in V. 10–11 gebraucht. Sonst aber handelt es sich um die genaue Wiederholung der Frage von V. 4. Diese Wiederholung bedeutet eine unübersehbare Unterstreichung des: **»Meinst du, daß es richtig ist?«** Das hebr. Wort, das wir mit **»richtig sein«** übersetzten, und das der Luthertext durch »mit Recht« wiedergibt, stammt aus derselben Wurzel wie das hebr. Wort für »gut«. Dieses »gut« ist uns vor allem bekannt aus dem Schöpfungsbericht, wo es mehrfach heißt: »Und Gott sah, daß es gut war«. Zum Abschluß der Schöpfung wird es betont: »und siehe, es war sehr gut« (vgl. 1. Mose 1,4.10.12.17.21.25.31). »Gut« bedeutet hier: es ist Gottes Augen wohlgefällig, es entspricht seinem Willen. So ist der Sinn der wiederholten Gottesfrage an Jona: »Entspricht dein Handeln und Denken mir und meinem Willen?« Diese Frage kennzeichnet Jonas Verhalten als Sünde. Die Wiederholung der Frage will zur Besinnung und inneren Einkehr führen[i].

[i] Jo 21,15ff

Diesmal antwortet Jona sogleich: **»Richtig ist es, wenn Zorn in mir entbrennt bis in den Tod!«** Schärfer kann man kaum ausdrücken, daß hier Wille gegen Wille, Eigensinn gegen Gewinnenwollen steht. Denn wenn Jona von **»Richtig sein«** spricht, meint er, daß es *seinen* Augen wohlgefällt, daß es *seinem* Willen entspricht, wenn er zornig ist und sterben will. Er ersetzt hier den göttlichen durch den menschlichen Maßstab. Gewissermaßen bis in die letzte Verästelung kann man hier verfolgen, wie das »Sein wie Gott« als teuflische Versuchung[k] das Wesen der Sünde geprägt hat. Zugleich aber hat man den Eindruck, als stünde Jona an einer äußersten Grenze, nahe dem Ende einer Sackgasse, an dem es nur noch ein Zurück gibt oder die Zerstörung des Weges zu Gott. Aus der Wendung **»bis in den Tod«** – dem vierten Verlangen, zu sterben, nach 1,12; 4,3; 4,8! – enthüllt sich eine Neige bis zum Grund. Man ahnt, daß dies Leerwerden bis zum Grund der Existenz eine baldige Wende zur Folge hat.

[k] 1Mo 3,5

Um diese Wende geht es im Schlußwort Gottes, V. 10–11. **»Und**
10/11 **Jahwe sagte: ›Du hättest gern den Rizinus verschont, um den du dir nicht Mühe gegeben hast, und den du nicht großgezogen hast, der in einer Nacht wurde und in einer Nacht zugrunde ging. Aber ich sollte Ninive nicht verschonen, die große Stadt, in der mehr als 120 000 Menschen sind, die rechts und links nicht unterscheiden können, und viel Vieh?‹«**

Als erstes beobachten wir, daß mit Vers 10 der Name »Elohim« endet und der Name **»Jahwe«** für Gott wieder aufgenommen wird. Ein zarter, aber unzweideutiger Hinweis für die Richtung, die das Gespräch zwischen Gott und Jona jetzt einzuschlagen beginnt. Zweitens beobachten wir, daß in den beiden Schlußversen das Reden Gottes eine Breite gewinnt, wie niemals zuvor im Buch. Auch dadurch weist der Bericht darauf hin, daß hier das Entscheidende geschieht, das auch für Jona zur neuen Wende hin zu Gott wird. Dabei redet der Herr im Gleichnis, das die Zustimmung Jonas hervorlocken soll. Die straffe, prägnante Gedankenführung erinnert an die Gleichnisse Jesu. Und wie später Jesus seine Hörer, so will Gott hier den Jona über seine Erkenntnis, die kein Ausweichen gestattet, gewinnen. Es sind Gründe für Kopf und Willen, keine ans Gefühl appellierenden Emotionen, die in Gottes Rede Gestalt gewinnen. Aber auch diese Erkenntnis und Willen anpackende Rede bleibt ein Tatzeugnis der um Jona werbenden Liebe und Güte Gottes. Wie schon erstaunlich oft in dem knappen Bericht gibt sich hier kund, daß Gott keinen der Seinen verlieren will[l]. Bis zum Schluß des Buches bleibt jene biblische Grundlinie sichtbar, die 2 Pt 3,9 fürs NT so formuliert: »der Herr will nicht, daß jemand verloren werde, sondern daß sich jedermann zur Buße kehre«. Wir sollten uns dabei unterstreichen, daß es nicht heißt: »daß jedermann gerettet werde«, sondern: »daß sich jedermann zur Buße kehre«.

[l] Jo 17,12

Das Gemeinsame an der Staude und an Ninive, worauf das Gleichnis abhebt, ist die Bestimmung beider für jemand: der Staude für Jona, und Ninives für Gott.

Zugleich handelt es sich um ein Kontrastgleichnis, das in dem Sinne argumentiert: wenn das schon für den Rizinus gilt – um wieviel mehr für Ninive! In drei Zügen wird dieses »um wieviel mehr für Ninive« sichtbar gemacht.

Die Pflanze war für Jona ein Geschenk des Schöpfers, um das er sich weder **»Mühe geben«** noch es **»großziehen«** mußte. Hingegen ist Ninive für Gott eines seiner Geschöpfe, das er über Jahrhunderte **»großzog«**, an das er die **»Mühe«** seiner liebenden Fürsorge wandte. Wenn Jona den Rizinus nicht in seiner Nähe missen mochte, um wieviel mehr dann Gott die große Stadt Ninive in seiner Schöpfung!

Die Pflanze war ferner nur **»der Sohn einer Nacht«**. Ganz wortgetreu übersetzt lautet nämlich die zweite Hälfte von V. 10: **»der als Sohn einer Nacht wurde und als Sohn einer Nacht zugrunde ging.«** Hierbei sind Werden und Vergehen als gleichdauernde Vorgänge beschrieben. Da der Rizinus nicht in einer Nacht gänzlich vom Erdboden verschwand, sondern bei der ersten **»Morgenröte«** (vgl. die Erklärung zu V. 7) nur tödlich getroffen wurde, so ist auch sein Wachstum nicht nur in eine einzige Nacht zu verlegen. Das **»Werden als Sohn einer Nacht«** meint vielmehr allein die volle Entfaltung während einer Nacht[138]. Im Gegensatz zum Rizinus ist Ninive kein **»Sohn einer Nacht«**, sondern ein »Sohn von vielen Jahrhunderten«. Was

138 Manche Ausleger erklären fälschlich, der Rizinus sei nach dem Bericht in 1 Nacht ganz entstanden und in 1 Nacht ganz verschwunden.

schnell entstand, kann schnell vermißt werden. Wenn aber Jona den kurzlebigen Rizinus **»verschont«** haben wollte – um wieviel mehr dann Gott jenes Ninive, das in langer Geschichte eine bedeutende Rolle spielte!

Der dritte Unterschied, der gewichtigste, liegt darin, daß es sich bei Ninive um eine große Stadt handelt. Gottes Hinweis auf **»die große Stadt, in der mehr als 120 000 Menschen sind, die rechts und links nicht unterscheiden können«**, knüpft an die biblischen Zeugnisse an, die die Würde und Liebe betonen, die Gott dem Menschen zuwendet. Nirgends werden über den Menschen so ungeschminkt enthüllende, aber auch so hohe Aussagen gemacht wie in der Bibel des AT und NT. Er ist Ebenbild Gottes (1 Mo 1,26), »wenig niedriger gemacht als Gott« (Ps 8,6), bestimmt, ins »Bild des himmlischen Menschen« (1 Kor 15,49) umgewandelt zu werden, sofern er die Erlösung durch Jesus annimmt. Nach Jesu Wort ist die ganze Welt einen Menschen nicht wert: »Was hülfe es dem Menschen, wenn er die ganze Welt gewönne und nähme doch Schaden an seiner Seele?« (Mt 16,26). Für die Menschen gab Gott seinen einzigen Sohn hin zum Sühnetod am Kreuz (Jo 3,16). So will Gott **»die große Stadt«** mit den vielen Bewohnern, die zu ihrem Schöpfer umgekehrt ist, gerne verschonen.

Der letzte Hinweis erfährt noch eine doppelte Unterstreichung. Die Zahl **»120 000«** bezieht sich auf **»Menschen, die rechts und links nicht unterscheiden können«**. Was ist damit gemeint? Man könnte zunächst an Heiden denken, die keine Gotteserkenntnis haben[139]. Aber näher liegt die Beziehung auf die Kinder als die besonders Erbarmungswürdigen[140]. Darauf deutet der Zusatz **»und viel Vieh«**. Dann sind es also diese beiden Gruppen der nicht Schuldfähigen – Kinder und Vieh –, die Gottes Erbarmen besonders hervorrufen. Der Leser wird erinnert an Ps 103,13; 127,3 sowie an Jesu Verhalten den Kindern gegenüber (Mt 18,1 ff; 19,13 ff). Ferner führt auch von da, wie öfters im Buch, eine Linie zu Sodom und Gomorra hinüber. Der Herr wollte diese Städte verschonen, hätte er nur 10 Gerechte darin gefunden (1 Mo 18,22 ff). Versucht man allerdings, von den 120 000 Kindern auf die Gesamteinwohnerzahl zu schließen, so stößt man auf Schwierigkeiten, weil wir nicht wissen, bis zu welchem Alter die Kinder erfaßt sind. Wenn deren Altersgrenze bei etwa 12 Jahren läge, würde sich eine Gesamtzahl von 500 000–600 000 Einwohnern ergeben, die wiederum besser zum sog. »assyrischen Dreieck« (vgl. die Erklärung zu 3,3) als zu Ninive im engeren Sinne paßte.

[139] So beispielsweise Eerdmans S. 175 und Wolff Studien S. 80.

[140] So z. B. Goitein S. 76; Halévy S. 23; Keil S. 302; Keller Commentaire S. 267; Kuenen S. 416 f; Lippl S. 175; Nowack S. 182; Wade S. 142.

Die Rede Gottes am Schlusse des Jonabuches läßt erkennen, daß der Gott Israels nicht aufgehört hat, als Schöpfer für die ganze Welt und ihre Völker Sorge zu tragen. So wie er nach dem Zeugnis des ersten Mosebuches alle Menschen erschuf, so wie er nach dem Zeugnis der Propheten alle Geschichte gestaltet, so bekennt er sich auch zu seinem Geschöpf, wo es zu ihm umkehrt. Jona muß verstehen, daß Gottes Pläne die Welt umfassen. Zurückhaltend deutet das Jonabuch schon die Einbeziehung aller Völker in die Gemeinde Gottes an, die durch Jesus und seine Gemeinde geschehen sollte[m] [141].

[m] Mt 8,11 Jo 10,16 Gal 3,28 Eph 2,11ff

Von daher sieht Jesus in seinem Wort mit Recht Niniviten und Israeliten ohne Unterschied vor Gottes Richterstuhl[n]. Damit hebt Gott die besondere Erwählung Israels nicht auf, wie sie auch das NT festhält[o]. Aber Israel darf sich nicht in Ausschließlichkeit verschließen. Es ist ja Israels Bestimmung, daß durch es »alle Geschlechter auf Erden gesegnet werden« (1 Mo 12,3).

[n] Mt 12,41 Lk 11,32
[o] Rö 9–11

Beide, Israel und die Völker, bleiben in ihrem Verhältnis zu Gott abhängig von dem Wege, den sie mit ihrem Leben einschlagen. Ist Israel demütig und die nachbarliche Welt stolz, dann hilft Gott seinem Israel und verherrlicht es vor der Welt. Ist Israel – wie jetzt zu Jonas Zeit – abgefallen, aber Assyrien umgekehrt, dann wendet der Herr seine Gnade Assyrien zu und führt Israel ins Gericht. Darum sollte man sich vor dem Mißverständnis hüten, es spiele keine Rolle, ob jemand zu Gott umkehrt, und Gott vollziehe eine Begnadigung aller ohne Rücksicht auf ihr Bekenntnis[142]. Vielmehr wiegt die Umkehr zu Gott schwerer als ein Erwähltsein, das nicht realisiert wird.

Man hat gut beobachtet, daß im Jonabuch Gott das erste und das letzte Wort spricht. Der Bericht weist also über die verschiedenen Ereignisse und Themen hinaus auf den Gott, der über alles Geschehen verfügt, den Schöpfer und den Herrn der Geschichte. Sein Wille ist es, der Jona wie Ninive, Israel wie Assyrien seinen Zielen entgegenführt. Weder Jona noch der König noch sonst jemand unter den lebenden Menschen ist die Hauptfigur, sondern er. Die Tatsache, daß der Bericht des Jonabuches nach der Rede Gottes jede Antwort des Jona ausspart, stellt die Hörer bzw. Leser unmittelbar vor diese fragende Anrede Gottes. Er, der Hörer, tritt jetzt selbst an die Stelle Jonas und ins Gespräch mit Gott ein. Das betrifft zunächst Israel, zu dem Jona zurückkehrte und dem er berichtet haben muß. Es lernt auf diese Weise die Macht Assyriens und die Not der assyrischen Bedrängnis als Gottes Geschichte verstehen. Das gilt aber auch den heutigen Le-

[141] Vgl. hierzu Blanck S. 29 ff; Heschel S. 131.

[142] So z. B. Stollberg S. 18: »Das Moment ... des Bekenntnisses steht bei der Begnadigung vollkommen im Hintergrund.« Ähnlich Jepsen S. 301: »es geht nicht um eine ›Bekehrung‹ zum Jahweglauben ..., sondern um mehr: um die Rettung gerade der ›Welt‹.«

sern und Hörern, die zur Umkehr als dem Beginn eines neuen Lebens gerufen werden: »Solches widerfuhr jenen als ein Vorbild. Es ist aber geschrieben uns zur Warnung, auf welche das Ende der Welt gekommen ist« (1 Kor 10,11).

III. Anhang

Exkurs: DIE STELLUNG DES JONABUCHES IM KANON

Das Jonabuch hat sowohl in der hebräischen wie in der griechischen Bibel (sog. Septuaginta = Siebzig, nach der überlieferten Zahl von siebzig jüdischen Übersetzern in Alexandria/Ägypten) einen festen Platz. Hier wie dort bildet es einen Teil der zwölf kleinen Propheten, die man bei Juden und Griechen als ein einziges Buch zählte und einfach »die Zwölf« nannte, heute meist als »Zwölfprophetenbuch« bezeichnet. Daß es im hebräischen Kanon an 5. Stelle der Zwölf erscheint, im griechischen dagegen an 6. Stelle, macht für uns keinen bedeutenden Unterschied. Noch bis ins 6. Jhd. nach Christus, ja teilweise bis ins 12. Jhd. nach Christus, schwankte bei den Juden die Anordnung der biblischen Bücher, so wie auch die Bücher des Neuen Testaments unter den Christen erst seit 367 n. Chr. ihre bleibende Reihenfolge erhielten[143]. Jedenfalls hat das Jonabuch niemals außerhalb der Zwölf gestanden, was für sein Alter spricht. Wäre es nämlich erst lange nach dem babylonischen Exil geschrieben worden, dann hätte man es nicht mehr bei den Propheten, sondern bei den Hagiographen oder Ketubim eingereiht, d. h. bei Schriften wie den Psalmen (Lk 24,44) oder gar in der Nähe von Jesus Sirach, Tobit u. ä. Die Tatsache, daß Jona an 5. bzw. 6. Stelle der Zwölf steht, ist ein weiteres Argument für sein Alter, da die Zwölfe unter sich offenbar nach dem Alter geordnet wurden[144]. Die jüdischen Ordner des Kanons sahen also in Jona einen Propheten des 8. Jhds. vor Christus, den sie mit anderen Männern des 8. Jhds. wie Hosea, Joel, Amos, Obadja, Micha, zusammenstellten. Diese Tradition reicht Jahrhunderte über Jesus zurück.

Mit den bisherigen Beobachtungen über die Stellung im Kanon und das Alter des Buches stimmt aufs beste die frühe Bezeugung zusammen. Das vermutlich im 4. Jhd. v. Chr. geschriebene apokryphe Tobitbuch (Tobias) kennt das Jonabuch schon und nennt es zweimal »Jonas der Prophet« bzw. »der Prophet Jonas« (14,4.8). Demnach fand der Verfasser das Jonabuch bereits unter den Sammlungen prophetischer Schriften vor. Es hat für ihn göttliche Autorität. Dasselbe gilt für die Septuaginta, die griechische Bibel, die im 3. Jhd. v. Chr. in Alexandria in Ägypten durch jüdische Übersetzer entstand. Ein dritter alter Zeuge ist das um 175 v. Chr. in Palästina geschriebene apokryphe Sirachbuch. Es erwähnt in cap. 49 (V. 10) die »Zwölf«, worin Jona enthalten sein muß, und schließt den Wunsch an: »Mögen ihre Gebeine empor-

[143] Vgl. hier Eissfeldt Einl. S. 771 f.

[144] Strack S. 775; vgl. weiter Baudissin S. 472; Eissfeldt Einl. 547; Keil S. 1; König S. 748; Loretz Gotteswort S. 15; Nöldeke S. 80; Sellin-Fohrer S. 484; Weiser ATD S. VII; Wolff Studien S. 15 f; Ziegler S. 145.

sprossen von ihrer Grabstätte!«[145] Vielleicht wußte man damals schon etwas vom Jonagrab bei El-Meschhed, dessen Verehrung F.-M. Abel bis in den Anfang unserer Zeitrechnung zurückdatieren möchte[146]. Immerhin greift Jesus nach Mt 23,29 seine Zeitgenossen als Heuchler an, »die ihr den Propheten Grabmäler bauet und schmükket der Gerechten Gräber«.

Man kann also sagen, daß Jona seit etwa 400 v. Chr. als kanonisches prophetisches Buch gegolten hat, d. h. den Rang einer Heiligen Schrift einnahm. Wie stark diese Stellung des Buches war, ersieht man aus dem späteren jüdischen Streit über den richtigen biblischen Kanon. In der Auseinandersetzung mit dem Christentum und in einem Prozeß der Selbstreinigung nach der verheerenden Niederlage gegen die Römer schied nämlich das Judentum gegen Ende des 1. Jhds. n. Chr. (kurz vor 100 n. Chr. Synode von Jabne oder Jamnia) alle Bücher der griechischen Bibel aus, denen es mißtraute und die man heute ((evangelischerseits) als Apokryphen bezeichnet. Dazu gehörten Tobit, Judith, Weisheit Salomonis, Jesus Sirach, Baruch, die Makkabäerbücher und einzelne Stücke aus Daniel und Esther, wie die Geschichte von der Susanna, dem Bel und dem Drachen zu Babel, das Gebet Asarjas, das Gebet Manasses, der Gesang der drei Männer im Feuerofen[147]. Das Buch Jona aber blieb unangetastet. Noch einmal ein oder zwei Jahrhunderte später gab es unter den Rabbinen Auseinandersetzungen über biblische Bücher, die aber nicht ihr Alter und ihre Echtheit betrafen, sondern ihre inhaltliche Übereinstimmung mit dem Gesetz. Es waren eher Schulstreitigkeiten unter den Gesetzeslehrern als ernsthafte Einwände gegen den kanonischen Charakter der betroffenen Schriften. Angegriffen wurden damals Ezechiel (Hesekiel), Prediger, Hoheslied, Esther, Ruth, die Sprüche Salomos[148]. Das Judentum hielt alle diese Bücher fest. Wiederum ist zu sagen, daß auf unser heute so schwer angefochtenes Jonabuch damals nicht der Schatten eines Angriffs fiel. Im Gegenteil, die Erwähnung des Jona in der Fastenliturgie und die angeregte Beschäftigung der Rabbinen mit seiner Gestalt bekunden eine deutliche Hochschätzung des Jonabuches im Judentum[149], die noch mehr hervorsticht, wenn man bedenkt, daß ja auch die Christen eine besondere Vorliebe für Jona hatten. In anderen Fällen reagierten die Rabbinen mit Zurückhaltung, wenn die Christen ein Stück der Heiligen Schriften bevorzugt behandelten; aber eben das war bei Jona anders. Nun meinten allerdings Forscher wie Bousset oder Budde[150], daß noch später, nämlich im 12. Jhd. n. Chr., das Jonabuch ebenfalls in seinem kanonischen Charakter angezweifelt wurde. Es handelt sich vor allem um eine Stelle aus dem jüdischen Kommentar Numeri rabba Sektion 18 (fol 271[d]), die folgendermaßen lautet: »50 sind die 24 Bücher, füge dazu 11 von

[145] Vgl. mein Buch über Mensch und freier Wille nach den jüdischen Religionsparteien S. 56.
[146] S. 183: au moins au début de l'ère chrétienne (wenigstens zum Beginn der christlichen Ära). Vgl. insgesamt auch Cohn S. 3,4.
[147] Vgl. Kaulen S. 24; ein positives Zeugnis für die Schätzung Jonas: b Taan 15 a.
[148] Vgl. Kaulen S. 24; Strack S. 752; Weber S. 83; Buhl S. 25 f.
[149] b Taan 15 a; Bickerman I S. 239 ff; Bickerman II. S. 14 ff; Komloś S. 47 ff; Ginzberg S. 348 ff.
[150] Bousset S. 145; Budde Kanon S. 64; zurückhaltend auch Strack S. 753.

den Zwölf, Jona ausgenommen, denn dieses Buch nimmt eine besondere Stellung ein, dann die 6 Sedarim (Ordnungen der ältesten Überlieferung, der sog. Mischna) und die 9 Kapitel von Torath Kohanim (rabbinischer Kommentar zu 3. Mose) – zusammen 50«. Wie man sieht, wollte der Verfasser auf die heilige Zahl 50 kommen und behandelte deshalb Jona besonders, wie ja dieses Buch auch eine besondere Mission beschreibt und eben als Erzählung unter den übrigen kleinen Propheten hervorsticht. Von Zweifel an seinem kanonischen Charakter kann hier keine Rede sein. Außerdem handelt es sich lediglich um einen Kommentar aus dem Mittelalter[151]. Nicht besser steht es mit der zweiten Stelle aus dem gleichfalls mittelalterlichen Kommentar des Pseudo-Raschi: »Was im Jona steht, wird keine Kabbala genannt, wohl aber die Stelle aus Joel; denn Ermahnungen heißen Kabbala, nicht aber Mitteilungen«. Auch da wird nur der Geschichtscharakter des Jonabuches unterstrichen, keineswegs seine kanonische Würde bestritten. Budde muß denn selbst zugeben, daß die Andeutungen eines Zweifels nur sehr »zart . . . erscheinen« (Kanon S. 64). Einer Nachprüfung halten sie nicht stand. Wir halten fest, daß das Jonabuch zu allen Zeiten, auch bei genauester Revision des jüdischen Kanons, als unbestritten Heilige Schrift im Bibel-Kanon seinen Platz eingenommen hat. Mit Maleachi, ca. 450 Jahre vor Jesus, war der prophetische Teil der Schrift abgeschlossen. Seitdem sei Israel, so drücken es spätere Schriften aus, ein prophetenloses Volk gewesen[152]. Diejenigen Propheten jedoch, die bis Maleachi unter die Heiligen Schriften aufgenommen worden waren, hatten Teil an der göttlichen Inspiration (Eingebung). So sagt der jüdische Schriftsteller Josephus in einer Streitschrift gegen die Heiden, die heiligen Bücher der Juden seien in Harmonie miteinander und unbestritten, und die prophetischen Bücher seien gemäß der Anwehung von Gott her entstanden[153]. Was Josephus etwa 100 n. Chr. schrieb, wird bei späteren Rabbinen wiederholt. Alle biblischen Propheten redeten im heiligen Geist Gottes, der auf ihnen ruhte[154]. Als zuverlässiges, göttlich bezeugtes Geschehen wurde dementsprechend auch Jona in Israel und in der alten Kirche aufgefaßt. Den Ausdruck jener Haltung finden wir bei Jesus wieder, der in Mt 12,38–42; 16,4; Lk 11,29–32 gegenüber den Schriftgelehrten aufgrund des göttlich inspirierten Jonabuches argumentierte, ja in der Geschichte Jonas – nicht einem Traum oder einer Fabel – die Prophezeiung seines eigenen Geschickes erblickte.

151 Ebenso Buhl S. 31; Hölscher S. 34; Wildeboer S. 64 ff; Ginzberg S. 351.
152 1 Makk 4,46; 9,27; 14,41; Gebet Asarjas V. 14; b Sanh 11 a.
153 Contra Ap 1,7.
154 LvR 15 (115 c); GnR 85 (54 b) u. ö., vgl. Billerbeck II S. 443 ff; Weber S. 80 ff.

LITERATUR ZU JONA

In der Regel sind die Werke nur mit dem Verfassernamen zitiert. Bei mehreren Werken desselben Verfassers wurde ein zur Identifizierung ausreichender Kurztitel verwendet.

Aalders, G. CH., Obadja en Jona, COuT, Kampen, 1958
Abel, F.-M., Le culte de Jonas en Palestine, JPOS, II, 1922, S. 175–183
Ackroyd, P. R., Exile and Restoration, London, 1968
Albright, W. F., New Horizons in Biblical Research, London, 1966
Albright, W. F., New Light on the Early History of Phoenician Colonization, BASOR, 83, 1941, S. 14–22
Alt, A., Die syrische Staatenwelt vor dem Einbruch der Assyrer, ZDMG, 88, 1934, S. 233–258
Bach, R., Art.: Tarsis, RGG, 6, 3. Aufl., Tübingen, 1962, Sp. 620
Baudissin, W. W. Graf, Einleitung in das Alte Testament, Leipzig, 1901
Bauer, J. B., Drei Tage, Biblica, 39, 1958, S. 354–358
Baumgartner, W., Zum Alten Testament und seiner Umwelt, Leiden, 1959
Baumgartner, W., Ein Kapitel vom hebräischen Erzählungsstil, Eucharisterion, Hermann Gunkel dargebracht, Göttingen, 1923, 1. Teil, S. 145–157
Bentzen, A., Introduction to the Old Testament, 2. Aufl., Kopenhagen, 1952
Bewer, J. A., A Commentary of Jonah, ICC, Edinburgh, 1961
Bezold, Art.: Assyria, RE, 2, Stuttgart, 1896, Sp. 1751–1771
Bickerman, E. J., Les deux erreurs du prophète Jonas, RHPR 45 1965, S. 232–264 (abgek.: Bikkerman I)
Bickerman, E., Four Strange Books of the Bible, New York, 1967 (abgek.: Bickerman II)
Billerbeck, P., und *Strack,* H. L., Kommentar zum Neuen Testament aus Talmud und Midrasch, 1, 5. Aufl., München, 1969 (abgek.: Billerbeck I)
Billerbeck, P., Exkurs: »Der Kanon des Alten Testaments und seine Inspiration«, Kommentar zum Neuen Testament aus Talmud und Midrasch 4, 1, 2. Aufl., München, 1956, S. 415–451 (abgek.: Billerbeck II)
Biser, E., Zum frühchristlichen Verständnis des Buches Jonas, Bibel und Kirche, 17, S. 19–21, 1962
Blank, S. H., Doest Thou Well to be Angry?, HUCA, 26, 1955, S. 29–41
Bleek, F., Einleitung in das Alte Testament, 5. Aufl., Berlin, 1886
Böhme, W., Die Composition des Buches Jona, ZAW, 7, 1887, S. 224–284
Bousset, W., Die Religion des Judentums im späthellenistischen Zeitalter, Handbuch zum Neuen Testament, 21, 4. Aufl., 1966 (hrsg. von H. Greßmann)
Bowman, R. A., Arameans, Aramaic, and the Bible, JNES, 7, 1948, S. 65–90
Budde, K., Geschichte der althebräischen Litteratur, 2. Aufl., Leipzig, 1909 (Die Litteraturen des Ostens in Einzeldarstellungen)
Budde, K., Vermutungen zum »Midrasch des Buches der Könige«, ZAW, 12, 1892, S. 37–51
Budde, K., Der Kanon des Alten Testaments, Giessen, 1900
Buhl, F., Kanon und Text des Alten Testamentes, Leipzig, 1891

Bultmann, R., Die Geschichte der synoptischen Tradition, 6. Aufl., Göttingen, 1964
Buss, M. J., Rezension: J. H.*Stek,* The Message of the Book of Jonah, ZAW, 81, 1969, S. 392–393
Cassuto, U., Art.: Jona, Encyclopaedia Judaica, 9, Berlin, 1932, Sp. 268–272
Catterall, J. L., Art.: Perseus, RE, 19, 1, Stuttgart, 1937, Sp. 978–992
Cheyne, T. K., Art.: Jonah, Encyclopaedia Biblica, II, 1901, Sp. 2565–2571
Childs, B. S., Jonah: A Study in Old Testament Hermeneutics, SJTh, 11, 1958, S. 53–61
Cohn, G. H., Das Buch Jona im Licht der biblischen Erzählkunst, Studia Semitica Neerlandica, 12, Assen, 1969
Cornill, C. H., Der israelitische Prophetismus, 13. Aufl., Berlin und Leipzig, 1920
Craig, J. A., Assyrian and Babylonian Religious Texts, I, Leipzig, 1895
Crüsemann, F., Kritik an Amos im deuternomistischen Geschichtswerk, Erwägungen zu 2. Könige 14,27, Probleme biblischer Theologie, München, 1971, S. 57–63
Dale, R. W., Jonah, The Expositor, Fourth Series, VI, 1892, S. 1–18
Dalman, G., Arbeit und Sitte in Palästina, VI, Gütersloh, 1939
Delitzsch, F., Etwas über das Buch Jona, Zeitschrift für die gesammte Lutherische Theologie und Kirche, 1,2. Quartalheft, Leipzig, 1840, S. 112–126
Dentan, R. C., The Literary Affinities of Exodus XXXIV 6 f, VT, 13, 1963, S. 34–51
Dhorme, P., La Réligion Assyro-Babylonienne, 10. édition, Paris, 1909
Döller, J., Das Buch Jona, Wien und Leipzig, 1912
Driver, S. R., An Introduction to the Literature of the Old Testament, 9. Aufl., Edinburgh, 1913 (International Theological Library, I)
Duhm, B., Anmerkungen zu den Zwölf Propheten, XIV., Buch Jona, ZAW, 31, 1911, S. 200–204
Dupont, J., Ressuscité »le troisième jour«, Biblica, 40, 1959, S. 742–761
Eerdmans, B. D., The Religion of Israel, Leiden, 1947
Eissfeldt, O., Einleitung in das Alte Testament, 3. Aufl., Tübingen, 1964
Eissfeldt, O., Amos und Jona in volkstümlicher Überlieferung, Kleine Schriften, 4, Tübingen, 1968, S. 137–142
Erbt, W., Elia, Elisa, Jona, Leipzig, 1907
Ermoni, V., Art.: 1. Jonas, 2. Jonas (le livre de), Dictionnaire de la Bible, III, Paris, 1903, Sp. 1604–1613
Ewald, H., Die Propheten des Alten Bundes, 3. Bd., 2. Aufl., Göttingen, 1868
Feuillet, A., Les sources du livre de Jonas, RB, 1947, 54, S. 161–186
Feuillet, A., Le sens du livre de Jonas, RB, 1947, 54, S. 340–361
Feuillet, A., Le livre de Jonas, La Sainte Bible, 2. Aufl., Paris, 1957
Fohrer, G., Neuere Literatur zur alttestamentlichen Prophetie, ThR, Neue Folge, 19, 1951, S. 277–346
Freedman, D. N., Jonah 1, 4 b, JBL, 77, 1958, S. 161–162
Friedrichsen, P., Kritische Uebersicht der verschiedenen Ansichten von dem Buche Jonas, 2. Ausgabe, Leipzig, 1841
Gadd, C. J., The Stones of Assyria, London, 1936
Galling, K., Textbuch zur Geschichte Israels, 2. Aufl., Tübingen, 1968
Ginzberg, L., The Legends of the Jews, IV, Philadelphia, 1954; VI, Philadelphia, 1956
Glombitza, O., Das Zeichen des Jona, NTS, 8, 1962, S. 359–366

Goitein, S. D. F., Some Observations on Jonah, JPOS, 17, 1937, S. 63–77
Gold, V. R., Art: Joppa, The Interpreter's Dictionary of the Bible, 2, New York/Nashville, 1962, S. 970–971
Goldberg, A. M., Jonas in der jüdischen Schriftauslegung, Bibel und Kirche, 17, 1962, S. 17–18
Goldman, M. D., Lexicographical Notes on Exegesis (4), ABR, 3, 1953, S. 44–51
Gordon, Ch., Art.: Tarshish, The Interpreter's Dictionary of the Bible, 4, New York/Nashville, 1962, S. 517–518
Greßmann, H., Die älteste Geschichtsschreibung und Prophetie Israels, Die Schriften des Alten Testaments, 2. Abteilung, 1. Bd., 2. Aufl., Göttingen, 1921
Grzimeks Tierleben, hrsg. von B. Grzimek u. a., 11, Zürich, 1969
Grundmann, W., Die Geschichte Jesu Christi, Berlin, 1957
Gunkel, H., Art.: Jonabuch, RGG, 3, 2. Aufl., Tübingen, 1929, Sp. 366–369,
Hävernick, H. A. Ch., Handbuch der historisch-kritischen Einleitung in das Alte Testament, 2. Theil, 2. Abt., Erlangen, 1844
Halévy, J., Recherches bibliques, Le Livre de Jonas, Revue sémitique d'épigraphie et d'histoire ancienne, 14, 1906, S. 1–49
Haller, E., Die Erzählung von dem Propheten Jona, TheolEx, Neue Folge, 65, 1958
Hallo, W. W., From Qarqar to Carchemish, BA, 23, 2, 1960, S. 34–61
Haran, M., The Rise and Decline of the Empire of Jeroboam ben Joash, VT, 17, 1967, S. 266–297
Harden, D. B., The Phoenicians, Ancient Peoples and Places, 26, New York, 1962
Hardy, E., Jona c. 1 u. Jat. 439, ZDMG, 50, 1896, S. 153
Harrison, R. K., Introduction to the Old Testament, London, 1970
Hempel, J., Geschichten und Geschichte im Alten Testament bis zur persischen Zeit, Gütersloh, 1964
Heschel, A. J., The Prophets, New York/Evanston, 1922
Higgins, A. J. B., The Sign of the Son of Man, NTS, 9, 1962/63 S. 380–382
Hirsch, E., Das Alte Testament und die Predigt des Evangeliums, Tübingen, 1936
Hölscher, G., Kanonisch und Apokryph, Leipzig, 1908
Jäger, Über den sittlich-religiösen Endzweck des Buchs Jonah, über die Zeit seiner Abfassung und über den Grund seiner Stellung im Kanon des A. T., Tübinger Zeitschrift für Theologie, 1840, 1. Heft, Tübingen, S. 61–167
Jahn, J., Einleitung in die Göttlichen Bücher des Alten Bundes, II. Theil, I. Abschnitt, 2. Aufl., Wien, 1803
Jepsen, A., Anmerkungen zum Buche Jona, Wort-Gebot-Glaube, Abhandlungen zur Theologie des Alten und Neuen Testaments, Bd. 59, Zürich, 1970, S. 297–305
Jeremias, A., Handbuch der Altorientalischen Geisteskultur, 2. Aufl., Berlin und Leipzig, 1929
Jeremias, J., Art.: Jonas, ThWNT, 3, Stuttgart, 1938, S. 410–413
Junker, H., Die religiöse Bedeutung des Buches Jona, Pastor bonus, 51, 1940, S. 108–114
Johnson, A. R., Jonah II. 3–10: A Study in Cultic Phantasy, Studies in Old Testament Prophecy, New York, 1950, S. 82–102
Kahle, P., Der gegenwärtige Stand der Erforschung der in Palästina neu gefundenen Handschriften, ThLZ, 79, 1954, Sp. 81–94
Kahle, P. E., Die Kairoer Genisa, Berlin, 1962

Kaiser, O., Einleitung in das Alte Testament, Gütersloh, 1969
Kaiser, O., Wirklichkeit, Möglichkeit und Vorurteil, Ein Beitrag zum Verständnis des Buches Jona, EvTh, 33, 1973, S. 91–103
Kalisch, M. M., Bible Studies, II, The Book of Jonah, London, 1878
Kaufmann, Y., The Religion of Israel, Chicago, 1960
Kaulen, F., Einleitung in die Heilige Schrift Alten und Neuen Testaments, 1. Theil, 4. Aufl., Freiburg, 1890
Kautzsch, E., Die Heilige Schrift des Alten Testaments, 2. Bd., 4. Aufl., Tübingen, 1925
Kautzsch, E., Die Aramaismen im Alten Testament, I, Halle, 1902
Keil, C. F., Biblischer Commentar über die zwölf kleinen Propheten, Biblischer Commentar über das Alte Testament, III, 4, 3. Aufl., Leipzig, 1888
Keller, C. A., Jonas, Le portrait d'un prophète, ThZ, 21, 1965, S. 329–340
Keller, C. A., Jonas, Commentaire de l'Ancien Testament, XI a, Neuchatel, 1965
Kleinert, P., Obadjah, Jonah, Micha, Nahum, Habakuk, Zephanjah, Theologisch-homiletisches Bibelwerk, hrsg. v. J. P. Lange, Des Alten Testamentes 19. Teil, Bielefeld/Leipzig, 1868
Knight, G. A. F., Ruth and Jonah, London, 1956
Knoch, O., Das Zeichen des Jonas, Bibel und Kirche, 17, 1962, S. 15–16
König, E., Art.: Jonah, A Dictionary of the Bible, II, 1899, S. 744–753
Komlós, O., Jonah Legends, Ętudes Orietales à la mémoire de Paul Hirschler, hrsg. von O. Komlós, Budapest, 1950, S. 41–61
Kopp, C., Das Jonagrab in Maschhad, Das Heilige Land, 92, 1960, S. 17–21
Kümmel, W. G., Verheißung und Erfüllung, 3. Aufl., Zürich, 1956
Kuenen, A., Historisch-kritische Einleitung in die Bücher des Alten Testaments, 2. Teil, Leipzig, 1892
Kuhl, C., Die »Wiederaufnahme« – ein literarkritisches Prinzip?, ZAW, 64, 1952, S. 1–11
Lamb, F. J., The Book of Jonah, Bibliotheca Sacra, 81, 1924, S. 152–169
Landes, G. M., The Kerygma of the Book of Jonah, Interpretation, XXI, 1967, S. 3–31
Landes, G. M., The »Three Days and Three Nights« Motif in Jonah 2,1, JBL, 86, 1967, S. 446–450
Lawrence, M., Ships, Monsters and Jonah, American Journal of Archaeology, 66, 1962, S. 289–296
Lippl, J., Der Prophet Jonas, Die zwölf kleinen Propheten, I. Hälfte, HS, VIII, 3. Abt., I. Hälfte, Bonn, 1937
Lohfink, N., Jona ging zur Stadt hinaus (Jona 4,5), BZ, Neue Folge, 5, 1961, S. 185–203
Loretz, O., Gotteswort und menschliche Erfahrung, Freiburg-Basel-Wien, 1963
Loretz, O., Herkunft und Sinn der Jona-Erzählung, BZ, Neue Folge, 5, 1961, S. 18–29
Lucchesi-Palli, E., Art.: Jonas II. Ikonographisch, LThK, V, 2. Aufl., 1960, Sp. 1115
Luckenbill, D. D., Historical Records of Assyria, Ancient Records of Assyria and Babylonia, hrsg. von J. H. Breasted, 1. Series, I, Chicago, 1926
Luther, M., Der Prophet Jona ausgelegt (1526), D. Martin Luthers Werke, Kritische Gesamtausgabe, 19, Weimar, 1897, S. 185–251
Mac Lean, H. B., Art.: Jeroboam, The Interpreter's Dictionary of the Bible, 2, New York/Nashville, 1962, S. 840–842

Macloskie, G., How to Test the Story of Jonah, Bibliotheca Sacra, 72, 1915, S. 334–338
Maier, G., Mensch und freier Wille nach den jüdischen Religionsparteien zwischen Ben Sira und Paulus, Wissenschaftliche Untersuchungen zum Neuen Testament, 12, Tübingen, 1971
Marti, K., Das Dodekapropheton, KHC, XIII, Tübingen, 1904
Martin-Achard, R., Israël et les nations, Cahiers Théologiques, 42, 1959
Meissner, B., Könige Babyloniens und Assyriens, Leipzig, 1926
Meissner, B., Die Kultur Babyloniens und Assyriens, Leipzig, 1925
Michel, O., Der Brief an die Römer, KEKNT, 4. Abt., 13. Aufl., Göttingen, 1966
Mitius, O., Jonas auf den Denkmälern des christlichen Altertums, Freiburg, 1897 (Archäologische Studien zum christlichen Altertum und Mittelalter, 4)
Moortgat, A., Art.: Ninive, RGG, 4, 3. Aufl., Tübingen, 1960, Sp. 1497–1498
Mozley, F. W., Proof of the Historical Truth of the Book of Jonah, Bibliotheca Sacra, 81, 1924, S. 170–200
Müller, K., Geographi Graeci Minores, I, 1855
Müller, P., Jona, der ungehorsame Prophet, 2. Aufl., Stuttgart-Hohenheim, 1967
Neil, W., Art.: Jonah, Book of, The Interpreter's Dictionary of the Bible, 2, New York/Nashville, 1962, S. 964–967
Nöldeke, Th., Die Alttestamentliche Literatur, Leipzig, 1868
Nötscher, F., Zwölfprophetenbuch oder Kleine Propheten, Echter-B., Würzburg, 1954
Nötscher, F., Zu Auferstehung nach drei Tagen, Biblica, 35, 1954, S. 313–319
Nowack, W., Die kleinen Propheten, HK, III. Abt., 4. Bd., 3. Aufl., Göttingen, 1922
Olmstead, A. T., History of Assyria, New York/London, 1923
Oppenheim, A. L., Art.: Assyria and Babylonia, The Interpreter's Dictionary of the Bible, 1, New York/Nashville, 1962, S. 262–304
v. Orelli, C., Die zwölf kleinen Propheten, Kurzgefaßter Kommentar zu den heiligen Schriften Alten und Neuen Testaments, A. Altes Testament, 5. Abt., 2. Hälfte, 3. Aufl., München, 1908
Parrot, A., Sintflut und Arche Noahs. Der Turm von Babel, Ninive und das alte Testament. Bibel und Archäologie, I, Zürich, 1955
Pfeiffer, R. H., Introduction to the Old Testament, New York/London, 1941
Pliny (Plinius), Natural Hîstory, The Loeb Classical Library, II, Libri III-VII (by H. Rackham), London u. Cambridge/Mass., 1947
Pritchard, J. B., The Ancient Near East in Pictures, Princeton, 1954
Pritchard, J. B., Ancient Near Eastern Texts, 2. Aufl., Princeton, 1955
Pusey, E. B., The Minor Prophets, London, 1886
v. Rad, G., Theologie des Alten Testaments, Bd. 1, München, 1962; Bd. 2, München, 1965
Rengstorf, K. H., Art.: *semeion,* ThWNT, 7, Stuttgart, 1964, S. 199–261
Riessler, P., Die kleinen Propheten, Rottenburg, 1911
Robinson, T. H., Die Zwölf Kleinen Propheten, Hosea bis Micha, HAT, 1, 14, 1954
Rosin, H., The Lord is God, 1956
Rudolph, W., Jona, Archäologie und Altes Testament, Festschrift für Kurt Galling, Tübingen, 1970, S. 233–239

Rudolph, W., Joel-Amos-Obadja-Jona, Kommentar zum Alten Testament, XIII, 2, Gütersloh, 1971

Sack, K. H., Christliche Apologetik, 2. Aufl., Hamburg, 1841

Scharff, A., und *Moorgat,* A., Ägypten und Vorderasien im Altertum, München, 1950 (Weltgeschichte in Einzeldarstellungen, 1)

Schaumberger, J. B., Das Bussedikt des Königs von Ninive bei Jonas 3, 7.8 in keilschriftlicher Beleuchtung, Miscellanea Biblica, II, Roma, 1934, S. 123–134

Schmidt, H., Jona. Eine Untersuchung zur vergleichenden Religionsgeschichte, FRLANT, 9, 1907

Schmidt, H., Absicht und Entstehungszeit des Buches Jona, ThStKr, 79, 1906, S. 180–199

Schmidt, H., Die Komposition des Buches Jona, ZAW, 25, 1905, S. 285–310

Schmökel, H., Kulturgeschichte des Alten Orient, Stuttgart, 1961 (Kröners Taschenausgabe Band 298)

Schmökel, H., Ur, Assur und Babylon, Große Kulturen der Frühzeit, 2, Stuttgart, 1955

Schmökel, H., Geschichte des Alten Vorderasien, Handbuch der Orientalistik, 2. Bd., 3. Abschnitt, Leiden, 1957

Schrank, W., Babylonische Sühnriten, Leipziger Semitistische Studien, 3, 1, Leipzig, 1920

Schulten, Art.: Tartessos, RE, 2.Reihe, 4, Stuttgart, 1932, Sp. 2446–2451

Scott, R. B. Y., The Sign of Jonah, Interpretation, 19, 1965, S. 16–25

Sellin, E., Das Zwölfprophetenbuch, Kommentar zum Alten Testament, XII, Leipzig, 1922

Sellin, E., und *Fohrer,* G., Einleitung in das Alte Testament, 10. Aufl., Heidelberg, 1965

Sievers, E., Alttestamentliche Miscellen, 2. Die Form des Jonabuches, Berichte über die Verhandlungen der Königlich-Sächsischen Gesellschaft der Wissenschaften zu Leipzig, Philologisch-historische Klasse, 57. Bd., 1905, S. 35–45

Slotki, J. J., Midrash Rabba, Numbers, translated by J. J. Slotki, London und Bournemouth, 1951

Smart, J. D., The Book of Jonah, The Interpreter's Bible, 6, New York/Nashville, 1956, S. 869–894

Smith, G. A., The Book of the Twelve Prophets, II, 2. Aufl., London, 1928

Snaith, N. H., Notes on the Hebrew Text of the Book of Jonah, Study Notes on Bible Books, 8, London, 1945

v. Soden, W., Art.: Assyrien, RGG, 1, 3. Aufl., Tübingen, 1957, Sp. 650–655

Soggin, J. A., Introduzione all' Antico Testamento, II, Biblioteca di Cultura Religiosa, 16, Brescia, 1969

Speiser, E. A., Art.: Nineveh, The Interpreter's Dictionary of the Bible, 3, New York/Nashville, 1962, S. 551–553

Stählin, W., Das Zeichen des Jona, Quatember, 22, 1957/58, S. 193–197

Steffen, U., Das Mysterium von Tod und Auferstehung, Göttingen, 1963

Stollberg, L. K., Jona, Dissertation, 1927 (Halle-Wittenberg)

Stommel, E., Zum Problem der frühchristlichen Jonasdarstellungen, Jahrbuch für Antike und Christentum, 1, 1958, S. 112–115

Strabonis Geographica (recognovit Augustus Meineke), I, Leipzig, 1866

Strack, H. L., Art.: Kanon des Alten Testaments, PRE, IX, 3. Aufl., Leipzig, 1901, S. 741–768

Tallqvist, K., Der assyrische Gott, Studia Orientalia, IV, 3, Helsingfors, 1931
Thoma, A., Die Entstehung des Büchleins Jona, ThStKr, 84, 1911, S. 479–502
Tödt, H. E., Der Menschensohn in der synoptischen Überlieferung, Gütersloh, 1959
Traité de zoologie, XVII, hrsg. von P.-P. Grassé, 1. Fascicule, Paris, 1955
Trépanier, B., The Story of Jonas, CBQ, 13, 1951, S. 8–16
Vögtle, A., Der Spruch vom Jonaszeichen, Synoptische Studien (Festschrift Alfred Wikenhauser), München, 1953, S. 230–277
Vögtle, A., Art.: Jonaszeichen, LThK, V, 1960, Sp. 1116–1117
Volck, W., Jona, PRE, IX, 3. Aufl., Leipzig, 1901, S. 338–340
Vycichl, W., Jonas und der Walfisch, Le Muséon, 69, 1956, S. 183–186
Wade, G. W., The Books of The Prophets Micah, Obadiah, Joel and Jonah, Westminster Commentaries, London, 1925
Weber, F., Jüdische Theologie, 2. Aufl., Leipzig, 1892
Weicker, Art.: Hesione, RE, 8, Stuttgart, 1913, Sp. 1240–1242
Weidner, E. F., Der kulturhistorische Ertrag der Keilschrifturkunden vom Tell Halaf, Archiv für Orientforschung, Beiheft 6, 1940, S. 1–7
Weidner, E. F., Art.: Ninos 3), RE, 17, 1, Stuttgart, 1936, Sp. 635–643
Weidner, E. F., Die Keilschrifttexte vom Tell Halaf, Archiv für Orientforschung, Beiheft 6, 1940, S. 8–46
Weinreb, F., Das Buch Jonah, Zürich, 1970
Weiser, A., Einleitung in das Alte Testament, 4. Aufl., Göttingen, 1957
Weiser, A., Das Buch der zwölf kleinen Propheten, ATD, 24, I, Göttingen, 1949
Wellhausen, J., Die Kleinen Propheten, 4. Aufl., Berlin, 1963
Westermann, C., Forschung am Alten Testament, München, 1964
Worner, H., Jona, Exempla Biblica, 2, Göttingen, 1966
Wiener, M., Art.: Jona, Jüdisches Lexikon, III, Berlin, 1929, Sp. 315–317
Wildeboer, G., Die Entstehung des alttestamentlichen Kanons, Gotha, 1891
Winckler, H., Altorientalische Forschungen, 2. Reihe, Bd. II, Leipzig, 1900
Wiseman, D. J., Zwischen Nil und Euphrat, Wuppertal-Vohwinkel, 1959
Wiseman, D. J., Two Historical Inscriptions from Nimrud, Iraq, XIII, 1951, S. 21–28
Wiseman, D. J., A New Stela of Assur-Nasir-Pal II, Iraq, XIV, 1952, S. 24–44
Wolff, H. W., Ist die Bibel Gotteswort oder Menschenwort? Darstellung des Problems an einer Auslegung des Jonabuches, Die Bibel-Gotteswort oder Menschenwort?, Neukirchen, 1959, S. 9–35
Wolff, H. W., Art.: Jonabuch, RGG, 3, 3. Aufl., Tübingen, 1959, Sp. 853–855
Wolff, H. W., Studien zum Jonabuch, Biblische Studien, 47, 1965
Wrede, W., Das Messiasgeheimnis in den Evangelien, Göttingen, 1901
Ziegler, J., Umschau und Kritik, Zur Einleitung in das Alte Testament, BZ, Neue Folge, 4, 1960, S. 137–154
Zimmerli, W., Ezechiel, BK, Altes Testament, XIII, 2, Neukirchen, 1969
Zoller, I., Considerazioni storico-religiose sul libro di Giona, Studi e Materiali di Storia delle Religioni, VII, 1931, S. 48–58

WUPPERTALER STUDIENBIBEL
Neues Testament

Das Evangelium des Matthäus
erklärt von Fritz Rienecker
384 Seiten

Das Evangelium des Markus
erklärt von Fritz Rienecker
288 Seiten

Das Evangelium des Lukas
erklärt von Fritz Rienecker
571 Seiten

Das Evangelium des Johannes
erklärt von Dr. Werner de Boor
1. Teil, Kap. 1–10 334 Seiten
2. Teil, Kap. 11–21 272 Seiten

Die Apostelgeschichte
erklärt von Dr. Werner de Boor
471 Seiten

Der Brief des Paulus an die Römer
erklärt von Dr. Werner de Boor
368 Seiten

Die Briefe des Paulus an die Korinther
erklärt von Dr. Werner de Boor
Der 1. Brief 312 Seiten
Der 2. Brief 246 Seiten

Der Brief des Paulus an die Galater
erklärt von Lic. Hans Brandenburg
146 Seiten

Der Brief des Paulus an die Epheser
erklärt von Fritz Rienecker
259 Seiten

Die Briefe des Paulus an die Philipper und an die Kolosser
erklärt von Dr. Werner de Boor
288 Seiten

Die Briefe des Paulus an die Thessalonicher
erklärt von Dr. Werner de Boor
175 Seiten

Der erste Brief des Paulus an Timotheus
erklärt von Dr. Hans Bürki
240 Seiten

Der zweite Brief des Paulus an Timotheus
Die Briefe an Titus und an Philemon
erklärt von Dr. Hans Bürki
232 Seiten

Der Brief an die Hebräer
erklärt von Dr. Fritz Laubach
292 Seiten

Der Brief des Jakobus
erklärt von Fritz Grünzweig
184 Seiten

Die Briefe des Petrus und der Brief des Judas
erklärt von Uwe Holmer und
Dr. Werner de Boor
296 Seiten

Die Briefe des Johannes
erklärt von Dr. Werner de Boor
208 Seiten

Die Offenbarung des Johannes
erklärt von Adolf Pohl
1. Teil, Kap. 1– 8 232 Seiten
2. Teil, Kap. 8–22 360 Seiten

R. BROCKHAUS VERLAG WUPPERTAL